IFCD49

TRATAMIENTO DE IMÁGENES PARA WEB Y MÓVIL

IFCD49

TRATAMIENTO DE IMÁGENES PARA WEB Y MÓVIL

Chema Gómez

La ley prohíbe
fotocopiar este libro

IFCD49 - Tratamiento de imágenes para web y móvil
Thema: UDP Fotografía digital
Bisac: COM087030
© Chema Gómez
© De la edición: Ra-Ma 2024

Editado por:
RA-MA Editorial
Calle Jarama, 3A, Polígono Industrial Igarsa
28860 PARACUELLOS DE JARAMA, Madrid
Teléfono: 91 658 42 80
Fax: 91 662 81 39
Correo electrónico: *info@grupoeditorialrama.com*
Internet: *www.ra-ma.es* y *www.ra-ma.com*
ISBN impreso: 978-84-1018-147-2
Depósito legal: M-20433-2024
Maquetación: Antonio García Tomé
Diseño de portada: Antonio García Tomé
Filmación e impresión: Safekat
Impreso en España en septiembre de 2024

A todos los que persiguen sus sueños sin rendirse,
a los que creen en lo imposible y buscan hacerlo realidad.
Y, especialmente, a aquellos que siempre han estado a mi lado,
apoyándome en cada paso del camino.

ÍNDICE

INTRODUCCIÓN

El mundo y en especial la tecnología han avanzado de forma increíble en los últimos años. Lo que antes solo dominaban unos pocos privilegiados que estudiaban o trabajaban con herramientas de diseño de imagen o vídeo, hoy es algo común en el día a día de todo el público con programas como CapCut o, seguramente, el más completo a nivel usuario como es Canva.

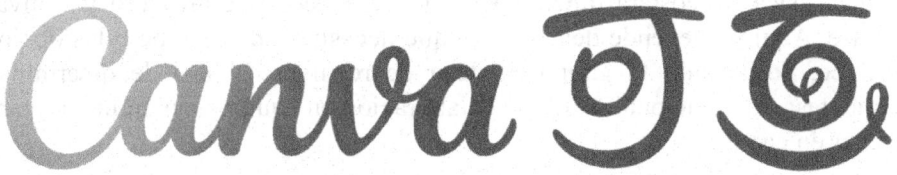

Canva es una plataforma de diseño gráfico en línea que ha revolucionado la manera en que las personas crean contenido visual. Con mucha seguridad, la mayoría de los carteles o folletos que veas sean creados mediante este programa. Desde que fue fundada en 2012 por los australianos Melanie Perkins, Cliff Obrecht y Cameron Adams, se ha convertido en una herramienta indispensable tanto para profesionales del diseño como para personas sin experiencia previa en este campo.

El objetivo es que se pueda hacer un diseño de forma rápida y, lo más importante, que cualquier usuario pueda hacerlo. Aunque veremos de forma específica a lo largo del libro cómo se logra, las claves son una interfaz intuitiva y una gran biblioteca de recursos, entre los que se pueden encontrar elementos como imágenes, vídeos, audios...

Todas estas opciones las combina con una amplia gama de plantillas y opciones de diseño, pudiendo hacer desde el primer momento un cartel de promoción o una imagen para Instagram. Especial mención a las plantillas, todas personalizables, y que ayudan al usuario a su objetivo de forma fácil y con una gran lista para elegir, pudiendo cambiar el texto, las imágenes o todo lo que estés pensando.

Esta facilidad de uso, unido a su gran variedad de posibilidades, han hecho posible que sea usada no solo por el pequeño público sino también por gran cantidad de empresas, tanto grandes como pequeñas, para sus usos en marketing y redes sociales. Ni que decir tiene el gran uso que se da en centros educativos, tanto profesores como alumnos. Atrás quedaron las presentaciones en cartulinas de colores o de PowerPoint...

Pese a que es muy usada en grandes empresas, es la solución perfecta para los pequeños comercios, los cuales andan con el presupuesto y el tiempo justo pero que quieren crear campañas, tanto en redes sociales como en físico, para llamar la atención del público y promocionar su negocio.

La infinidad de opciones hace que veamos muchos proyectos originales, a cada cual más llamativo. Su uso se ha ido expandiendo hasta el punto de utilizarse para crear felicitaciones, invitaciones a eventos, álbumes de fotos o currículums.

Y todo esto con la ventaja de que es gratis. Bueno, aquí hay trampa. Usarlo de forma básica no costará dinero, pero sí sus versiones Canva Pro y Canva of Enterprise. Aquí ya depende del uso y lo que necesite cada uno, pero las opciones que ofrece, destacando la gran biblioteca de recursos, el uso de determinadas herramientas y las funcionalidades de colaboración en equipo, son argumentos muy para tener en cuenta.

A lo largo de estas páginas, detallaremos todas las funciones de Canva, tanto en su versión gratuita como en las demás, con el objetivo de que conozcas todas las posibilidades que ofrece esta plataforma. ¿Preparado para Canvear?

1

¿QUÉ ES CANVA?

1.1 DEFINICIÓN Y PROPÓSITO

Ya hemos visto qué es Canva a grandes rasgos y lo que ofrece, desde una visión general, enfocándose en todos los públicos. Pero, ¿por qué Canva es diferente?

Aquí podemos señalar varios aspectos clave:

▼ **Accesibilidad**: a diferencia del software de diseño tradicional, que a menudo requiere un aprendizaje previo y un equipo lo suficiente potente (si quieres que los programas tiren y rindan de forma óptima), Canva está diseñada para ser fácil de usar y accesible desde cualquier dispositivo con conexión a Internet. Esto permite a los usuarios trabajar en sus proyectos desde cualquier lugar, ya sea desde el ordenador de casa o incluso desde el propio teléfono móvil.

▼ **Plantillas prediseñadas**: la gran biblioteca que ofrece es útil para todo tipo de proyectos, presentaciones, folletos… Para todo lo que imagines. El resultado y las opciones son bastante interesantes, igual que poder personalizarlas usándolas de base o eligiendo una temática para comenzar a crear.

▼ **Herramientas de arrastrar y soltar**: la interfaz de Canva permite a los usuarios arrastrar y soltar elementos gráficos, textos y otros componentes directamente en sus diseños. Esto simplifica enormemente el proceso de diseño, haciéndolo muy intuitivo y sin necesidad de conocimientos de diseño anteriores.

⊮ **Biblioteca de recursos**: solo con indagar en Canva, podrás ver la gran cantidad de recursos que ofrece. Aunque no tengas CanvaPro, las podrás ver, por lo que las posibilidades son muy amplias. Además de poder usar todo lo que ofrece, también puedes cargar imágenes o lo que quieras usar y tenerlo en el espacio *Subidos*.

⊮ **Colaboración en tiempo real**: muy útil para trabajos o proyectos en los que la gente ha de trabajar en el mismo diseño. Permite colaborar en tiempo real de forma simultánea, por lo que se ahorra tiempo y esfuerzos.

1.2 BENEFICIOS DE USAR CANVA

¿Qué hace efectiva a Canva? Veamos un resumen con los puntos destacados.

⊮ **Facilidad de uso**: en muchas ocasiones de la vida, lo sencillo es lo más útil. Un ejemplo clarísimo es Canva. Su simplicidad hace que sea accesible para todos y cualquier persona puede lograr un diseño aparente en sus diseños.

⊮ **Eficiencia**: con Canva, los usuarios pueden crear diseños profesionales en cuestión de minutos, gracias a las plantillas prediseñadas y las herramientas intuitivas. Esto es especialmente valioso para empresas y profesionales que necesitan producir contenido visual de forma rápida o que no tienen presupuesto para contratar a un profesional.

⊮ **Crecimiento personal y profesional**: según se va aprendiendo a utilizar Canva, los usuarios pueden desarrollar habilidades de diseño gráfico que pueden aplicar tanto en sus proyectos personales como profesionales. Además de mejorar el currículum y los conocimientos, puede abrir puertas a nuevas oportunidades laborales.

▶ **Ahorro**: Canva ofrece una versión gratuita con numerosas funciones, así como planes de suscripción que proporcionan acceso a recursos y herramientas adicionales. Esto lo hace una opción económica comparada con el costo de software de diseño tradicional y la mencionada contratación de profesionales.

1.3 HISTORIA DE CANVA

Canva fue fundada en 2012 por Melanie Perkins, Cliff Obrecht, y Cameron Adams. Melanie Perkins, una joven empresaria australiana, concibió la idea de Canva mientras enseñaba diseño gráfico en la universidad. Ella se dio cuenta de que muchas personas luchaban con el uso de software de diseño complejo, lo que la llevó a imaginar una herramienta más accesible y fácil de usar. Con el apoyo de Cliff Obrecht, su socio comercial, y Cameron Adams, un ex empleado de Google con experiencia en tecnología, lograron lanzar Canva.

Evolución y crecimiento

Desde su lanzamiento, Canva ha experimentado un crecimiento exponencial. En sus primeros años, Canva se centró en ampliar su biblioteca de plantillas y recursos, mejorando la funcionalidad de la plataforma y expandiendo su base de usuarios. A lo largo de los años, Canva ha introducido numerosas características y herramientas avanzadas con IA, incluyendo la posibilidad de editar vídeos, crear presentaciones interactivas y la posibilidad de colaborar en tiempo real.

Logros y reconocimientos

Canva ha sido reconocida globalmente por su innovación en el campo del diseño gráfico. Ha recibido múltiples premios y reconocimientos, incluyendo ser nombrada una de las "Empresas Más Innovadoras" por Fast Company y aparecer en la lista de "Unicorns" de CB Insights. Su base de usuarios ha crecido a más de 60 millones de personas en más de 190 países, incluyendo una amplia gama de usuarios desde estudiantes y educadores hasta pequeñas empresas y grandes corporaciones.

1.4 LA COMUNIDAD DE CANVA

La comunidad de Canva es diversa y abarca una amplia gama de perfiles:

➤ **Profesionales de marketing y redes sociales**: Canva es una de las principales herramientas para crear contenido visual atractivo para campañas publicitarias, redes sociales sitios web y cualquier forma de querer anunciar el producto o servicio.

➤ **Pequeñas empresas y emprendedores**: además del ahorro, la plataforma es concebida como una herramienta esencial para diseñar logotipos, tarjetas de presentación, folletos y otros materiales promocionales.

➤ **Educación**: como se ha mencionado anteriormente, Canva es usada para desarrollar presentaciones, proyectos de investigación además de material didáctico que mejora el aprendizaje y la enseñanza.

➤ **Organizaciones sin fines de lucro**: al igual que muchas empresas, se usa para elaborar cualquier tipo de diseño que permita divulgar la información y presentar sus novedades.

➤ **Individuos**: usado en muchos hogares para proyectos personales como invitaciones a eventos, tarjetas de felicitación, álbumes de fotos y más.

1.5 EJEMPLOS DE USO DIARIO

Canva se puede usar para todo. Incluso hay mucha gente que lo tiene como un uso diario en todo lo que hace: carteles de trabajo, vídeos para consumo propio, fotos de redes sociales, invitaciones... Veamos unos ejemplos:

▶ **Marketing digital**: un gerente de redes sociales puede utilizar Canva para crear gráficos y publicaciones para Instagram, Facebook o Twitter asegurando que el contenido sea visualmente atractivo y coherente con la marca.

▶ **Educación**: un maestro puede diseñar presentaciones interactivas y hojas de trabajo para sus clases, haciendo que el aprendizaje sea más atractivo para los estudiantes.

▶ **Emprendimiento**: un propietario de una pequeña empresa puede diseñar un logotipo profesional y crear tarjetas de presentación, panfletos y anuncios para promocionar su negocio.

▶ **Eventos personales**: una persona puede utilizar Canva para diseñar invitaciones para una boda, cumpleaños o cualquier otro evento especial, personalizándolas con fotos y textos propios.

2

CÓMO USAR CANVA

2.1 PRIMEROS PASOS

Registro y creación de cuenta

Como en todas las plataformas, para empezar a usar Canva, lo primero que necesitas hacer es registrarte y crear una cuenta. Este proceso es sencillo y rápido:

▶ **Ve al sitio web de Canva o la aplicación**: abre tu navegador y dirígete a *www.Canva.com* o ve a la App Store o Google Play y descarga la aplicación de Canva.

▶ **Registro**: haz clic en el botón "Registrarse". Puedes hacerlo utilizando tu cuenta de Google, Facebook o una dirección de correo electrónico.

▶ **Configuración inicial**: completa el proceso de registro proporcionando la información requerida, como tu nombre y una contraseña segura. Si utilizas Google, Apple o Facebook, la información se rellenará automáticamente.

▶ **Elige tu plan**: aquí ya es decisión tuya. Canva ofrece una versión gratuita y varias opciones de suscripción de pago (Canva Pro y Canva for Enterprise). Puedes comenzar con la versión gratuita y actualizar más tarde si necesitas funciones adicionales o te has vuelto tan pro que se te queda corta la versión sin pago.

2.1.1 Canva pro

Es la versión de suscripción de Canva que ofrece características y herramientas adicionales diseñadas para usuarios que buscan mayores opciones y flexibilidad en sus proyectos de diseño. Está orientado a profesionales del diseño, pequeñas empresas y cualquier persona que desee aprovechar al máximo las capacidades de Canva. Por su precio, es una buena herramienta si no quieres gastarte tanto como lo harías en otros programas de diseño.

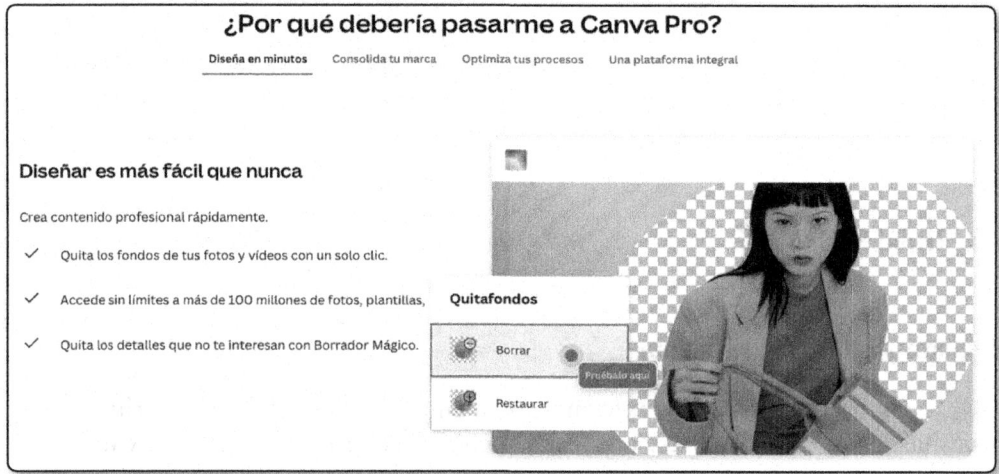

Características Principales

▸ **Acceso a recursos premium**: permite la opción de usar una gran biblioteca de fotos, vídeos y elementos gráficos premium que no están disponibles en la versión gratuita que tienes que pagar de forma individual. Aunque puedes ver cuáles ya que vienen indicados con el distintivo pro.

▸ **Funcionalidades de diseño avanzadas**: los usuarios de Canva Pro pueden acceder a herramientas avanzadas que utilizan tecnología de IA y que permiten cambiar el tamaño de un diseño para diferentes plataformas con un solo clic. Es interesante ver todas las opciones y, siempre que puedas, trabajar desde el tamaño que quieres.

▸ **Almacenamiento**: hasta 100 GB de almacenamiento en la nube para tus diseños y la opción de organizar tus proyectos en carpetas ilimitadas.

▶ **Creación de plantillas personalizadas**: también es posible crear y guardar plantillas personalizadas para diversos usos y así tener siempre a disposición el proyecto por si lo necesitas en el futuro.

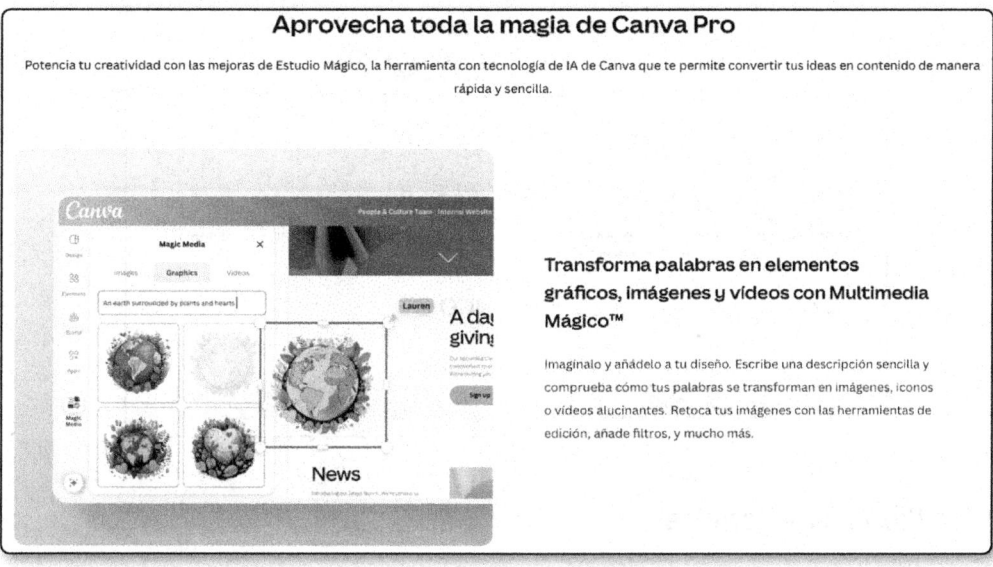

▶ **Exportación mejorada**: incluye opciones de exportación adicionales como fondos transparentes y la capacidad de descargar en formato animado (GIF/MP4). Ten esto muy en cuenta si necesitas que el resultado sea en un formato específico ya que puede ahorrarte mucho tiempo.

▶ **Acceso a la biblioteca de fuentes**: si necesitas mantener un tipo de letra específico o que es característico de tu marca, puedes subirla y tenerla disponible.

▶ **Colaboración y equipos**: añade la colaboración con la posibilidad de trabajar con miembros del equipo, asignar permisos y trabajar juntos en tiempo real.

▶ **Herramientas de marca**: Canva Pro ofrece un kit de marca que permite a los usuarios guardar logotipos, colores y fuentes de la marca para asegurar la consistencia en todos los diseños.

PVP: 110€ año/persona

2.1.2 Canva for enterprise

Canva for Enterprise es la versión de Canva diseñada para grandes empresas y organizaciones que requieren un nivel superior de opciones, seguridad y colaboración en sus proyectos de diseño. Proporciona herramientas específicas para gestionar equipos grandes y mantener la coherencia de la marca a escala corporativa. Según su web, "potencia tu empresa con un espacio de trabajo todo en uno".

Características Principales

▸ **Control administrativo**: incluye paneles de administración avanzados que permiten a los administradores gestionar usuarios, permisos y configuraciones de seguridad a nivel de toda la organización.

▸ **Biblioteca de marca centralizada**: aquí, se pueden guardar todos los activos y recursos de la marca (logotipos, fuentes, colores, plantillas…) y así asegurar que todos los diseños cumplan con la normativa de la marca.

▸ **Permisos y roles personalizables**: permite asignar roles y permisos personalizados para diferentes miembros del equipo, asegurando que solo las personas autorizadas puedan realizar ciertas acciones o acceder a ciertos contenidos.

▸ **Flujos de trabajo de aprobación**: es posible configurar los procesos de aprobación, donde ciertos diseños deben ser revisados y aprobados por administradores antes de su publicación. Todo esto, como el punto anterior, es la empresa la que autoriza a un usuario.

▸ **Soporte**: ofrece soporte al cliente prioritario y opciones de capacitación personalizada para asegurar que todos los miembros del equipo puedan utilizar la plataforma de manera efectiva.

▸ **Integraciones personalizadas**: hay disponibles herramientas empresariales como Single Sign-On (SSO) y otras aplicaciones para mejorar la productividad y la gestión de identidades.

▼ **Seguridad**: incluye características de seguridad avanzadas para proteger los datos y los activos de la organización.

▼ **Colaboración mejorada**: facilita la colaboración en equipos grandes y dispersos geográficamente, permitiendo trabajar juntos en tiempo real y manteniendo todos los proyectos organizados y accesibles.

PVP: es necesario contactar con Canva para un precio exacto

2.1.3 Canva equipos

Es posible adquirir Canva Pro más barato si lo contratan tres o más personas. Con esta opción, sale a 90€ persona/año y se mantienen las mismas opciones que con Canva Pro.

En la siguiente imagen, se puede ver un resumen de todos los planes.

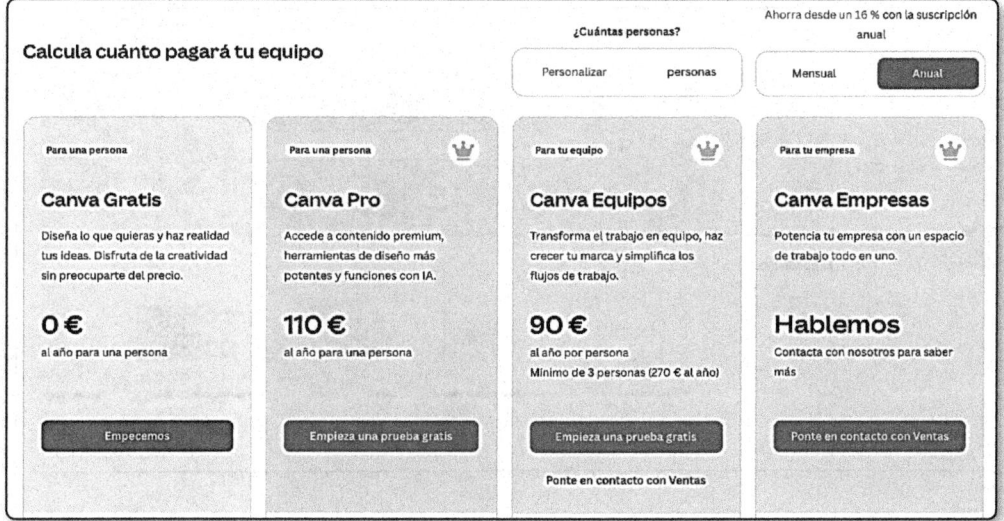

2.2 INTERFAZ

Una vez que hayas creado tu cuenta y accedido a Canva, te encontrarás con una interfaz de usuario intuitiva y bien organizada. Las principales áreas son:

- ▶ **Página de inicio**: la página de inicio de Canva muestra tus diseños recientes, plantillas recomendadas y opciones para empezar un nuevo proyecto. Como se ve en la imagen de abajo, incluye muchas posibilidades con un menú intuitivo.

- ▶ **Barra de herramientas superior**: en la parte superior de la pantalla, encontrarás la barra de herramientas que incluye opciones para crear un nuevo diseño, explorar plantillas y acceder a tus proyectos guardados.

▹ **Panel de navegación lateral**: a la izquierda, el panel de navegación te permite acceder a tus diseños, carpetas y a la biblioteca de elementos como fotos, iconos y fuentes.

▹ **Área de trabajo**: en el centro de la pantalla se encuentra el área de trabajo donde crearás y editarás tus diseños. Aquí es donde arrastrarás y soltarás elementos y realizarás ajustes.

2.3 CONFIGURACIÓN INICIAL

Antes de comenzar a diseñar, es útil familiarizarte con algunas configuraciones iniciales que pueden mejorar tu experiencia:

▹ **Perfil**: completa tu perfil agregando una foto y una breve descripción. Esto es útil especialmente si planeas colaborar con otros usuarios. Por supuesto, puedes obviar este paso y hacerlo más adelante. Porque puedes crear y diseñar tu foto con Canva.

▹ **Preferencias**: ajusta las preferencias de tu cuenta, como las notificaciones por correo electrónico y las configuraciones de privacidad.

▹ **Conexión de aplicaciones**: Canva se integra con varias aplicaciones como Google Drive, Dropbox y redes sociales como Instagram o Facebook. Enlazar estas aplicaciones puede facilitar la importación y exportación de archivos.

2.4 ¿COMENZAMOS A DISEÑAR?

Tras unos pasos algo tediosos porque queremos comenzar a usar Canva ya, es normal que te venga una pregunta a la cabeza. ¿Qué podemos diseñar? En realidad, puedes hacer todo lo que se te ocurra. Canva te da la opción en el menú superior de los proyectos más solicitados o de referencia.

Está muy bien si queremos hacer algo de forma rápida o ver las posibilidades que tiene. Al igual que en la página de inicio, son recomendaciones que puedes tener en cuenta o comenzar tu trabajo desde cero. Aunque sea así, un buen consejo es que siempre mires el tamaño (aunque sea aproximado) para comenzar a trabajar. Piensa que no es lo mismo insertar los elementos en un post de Instagram que si fueras a realizar un marcapáginas. Y si tienes tiempo, indaga. La lista es interminable, monada.

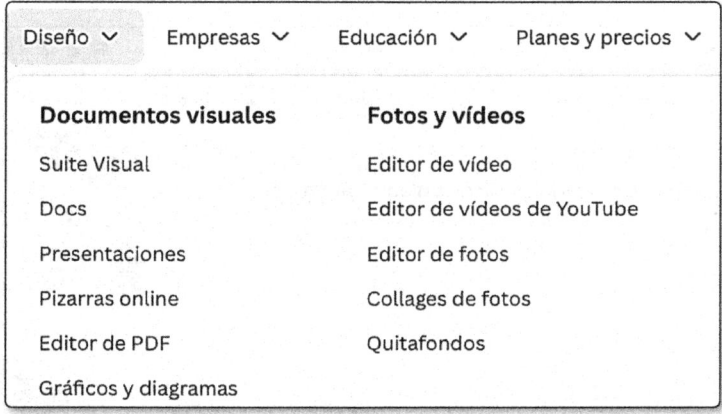

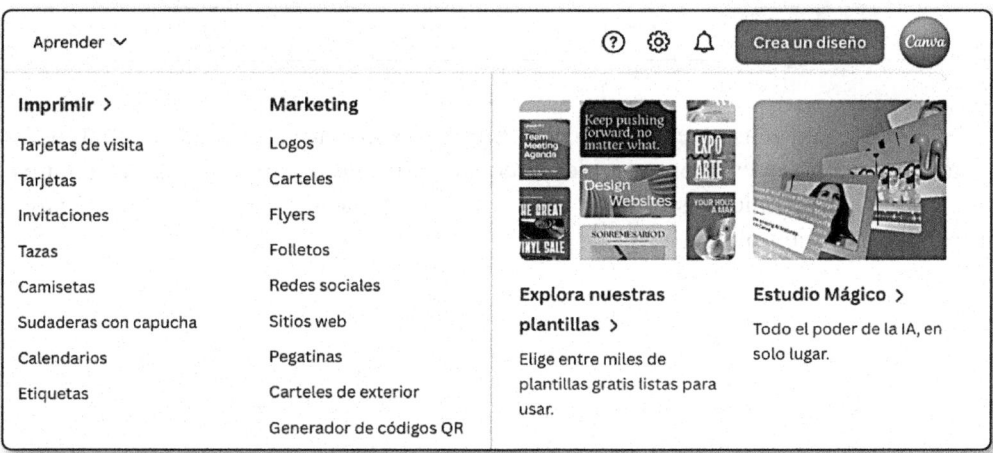

Elección de plantillas

Canva ofrece miles de plantillas prediseñadas que puedes usar como punto de partida para tus proyectos. Para elegir una plantilla:

- ▶ **Explorar plantillas**: desde la página de inicio o el panel de navegación lateral, selecciona "Plantillas". Aquí puedes buscar plantillas por categoría, como presentaciones, publicaciones en redes sociales, carteles, invitaciones…

- ▶ **Filtrar resultados**: usa los filtros para refinar tu búsqueda por tema, estilo o color. También puedes buscar plantillas específicas utilizando la barra de búsqueda.

- ▶ **Seleccionar plantilla**: haz clic en la plantilla que más te guste para abrirla en el área de trabajo.

Las categorías pueden ayudarte mucho. Sobre todo, si necesitas algo de un tema concreto o vas con una idea preconcebida. Por ejemplo, si necesitas una felicitación de cumpleaños, ya sea para una red social o para imprimirla, Canva propone varios ejemplos.

Una vez seleccionada la que te gusta o veas adecuada para tu contenido, selecciónala y te dará la opción de abrir el proyecto. Verifica en la parte superior cuáles son gratis y cuáles Pro, ya que si no tienes esta suscripción no podrás usarlas.

Cuando le damos a *Personalizar Plantilla*, podemos afirmar que empieza la juerga. Aunque indagaremos todas las opciones disponibles, así como todas sus posibilidades, vamos a ver lo básico para que puedas hacer de forma rápida un diseño.

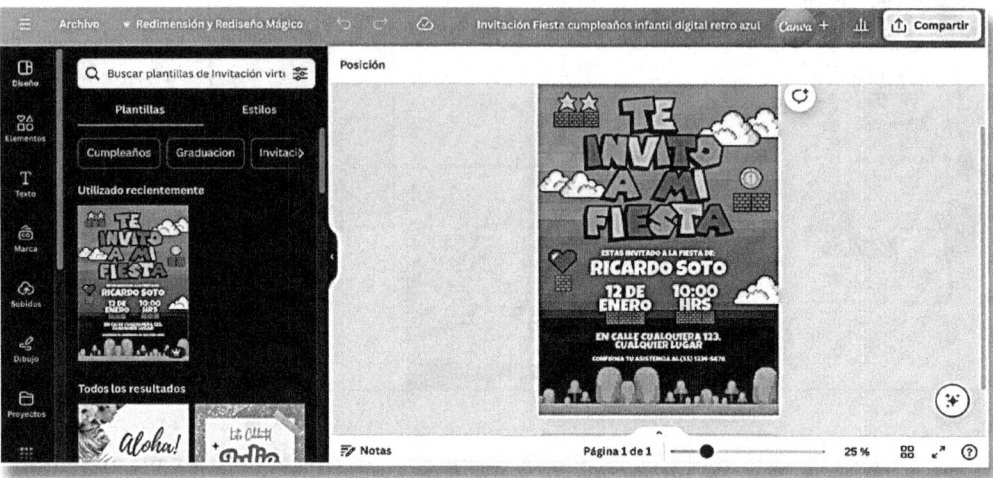

Hacer los cambios que consideres, los más básicos, es muy intuitivo. Simplemente con seleccionar lo que quieres modificar e insertando lo nuevo, es suficiente. Con una plantilla predefinida, podrás hacer tu diseño de forma sencilla cambiando únicamente la información. En el ejemplo, verás que hemos eliminados letras y cambiado el texto.

Pero esto es lo más sencillo que se puede hacer. Un buen consejo es que te familiarices con el menú lateral. De forma rápida, te dará la opción de añadir e insertar los elementos que desees. Indaga y explora, porque lo vas a usar mucho. Una de las partes más importantes es la de Elementos, en la que podrás añadir elementos gráficos, fotos, vídeos o audios de forma instantánea. Al igual que con el texto, el cual detallaremos posteriormente, pero que puedes probar para ir familiarizándote.

Viendo el ejemplo anterior, vamos a añadir una tubería y una estrella saliendo de ella. Buscamos en *Elementos gráficos* y seleccionamos lo que más nos interese. Arrastramos o clicamos y ya aparece en el diseño. Ahora, toca definir la ubicación y la posición.

2.4.1 Posición

El tema de la posición es muy importante y algo a lo que te tendrás que acostumbrar si no lo estás. Es muy fácil, por lo que no te tiene que preocupar. Como veremos en las imágenes de debajo, es muy intuitivo cómo colocar los elementos para que tengas el mejor diseño posible. Si tienes dudas de la posición, prueba hasta que encuentres el diseño que mejor se adapta. Intenta siempre que el texto esté en la zona delantera.

Señalamos el elemento y le damos a la opción *Posición*.

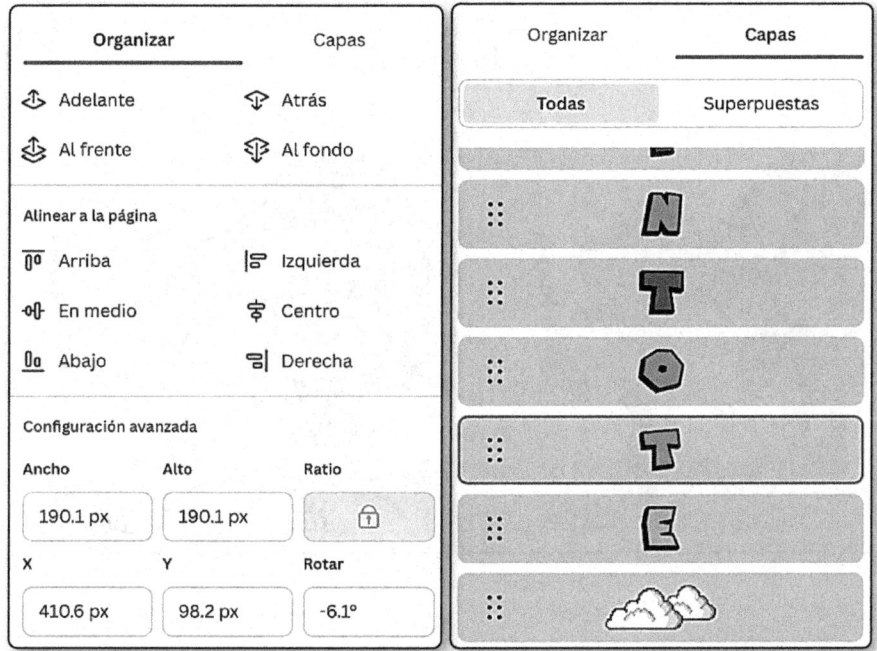

Tras esto, tenemos las opciones de *Organizar* y *Capas*. En la primera, nos da las diferentes posibilidades de elegir dónde ubicar el elemento o donde alinearlo. Si conoces con exactitud los parámetros exactos, podrás escribir el tamaño y la ubicación en *Configuración avanzada*. En las capas, podrás jugar con todos los elementos de forma más visual.

El tema de la posición es fundamental en tu diseño, por lo que debes elegir de forma correcta la ubicación correcta de todos los elementos. Veamos el ejemplo del perrito en el bosque y así valorar la importancia que tiene en tu proyecto la posición. Si tienes dudas o no sabes cómo va a quedar mejor, prueba y valora todas las opciones.

2.4.2 Arrastrar y soltar

Una de las características más potentes de Canva es su sistema de arrastrar y soltar, que facilita la edición de plantillas.

El concepto de "arrastrar y soltar" en Canva se refiere a la técnica de diseño interactiva que permite a los usuarios seleccionar elementos gráficos, textos, imágenes y otros componentes desde una biblioteca o panel lateral y moverlos al área de trabajo mediante un simple clic y arrastre del ratón o el dedo (en dispositivos táctiles como el teléfono móvil o *tablet*). Esta técnica facilita la creación y personalización de diseños de manera intuitiva y eficiente. Tiene muchas ventajas como su facilidad de uso, la selección de elementos o la personalización.

▸ **Añadir elementos**: puedes agregar elementos a tu diseño desde el panel lateral. Estos incluyen texto, imágenes, íconos, formas, y más. Simplemente arrastra el elemento deseado al área de trabajo.

▸ **Editar elementos**: haz clic en cualquier elemento de tu diseño para editarlo. Puedes cambiar el tamaño, el color, la fuente y otros aspectos utilizando las herramientas de edición que aparecen en la barra superior.

2.4.3 Herramientas y funcionalidades clave: biblioteca

La biblioteca de Canva incluye millones de elementos que puedes usar en tus diseños. Estos elementos están organizados en varias categorías:

▶ **Fotos**: imágenes de alta calidad que puedes usar para cualquier propósito. Canva ofrece tanto imágenes gratuitas como premium. Aunque es interesante usar las que no son de pago, se corre el riesgo de que en muchos casos se repitan, por lo que puede interesarte las Pro si quieres destacar y darle originalidad a tu marca.

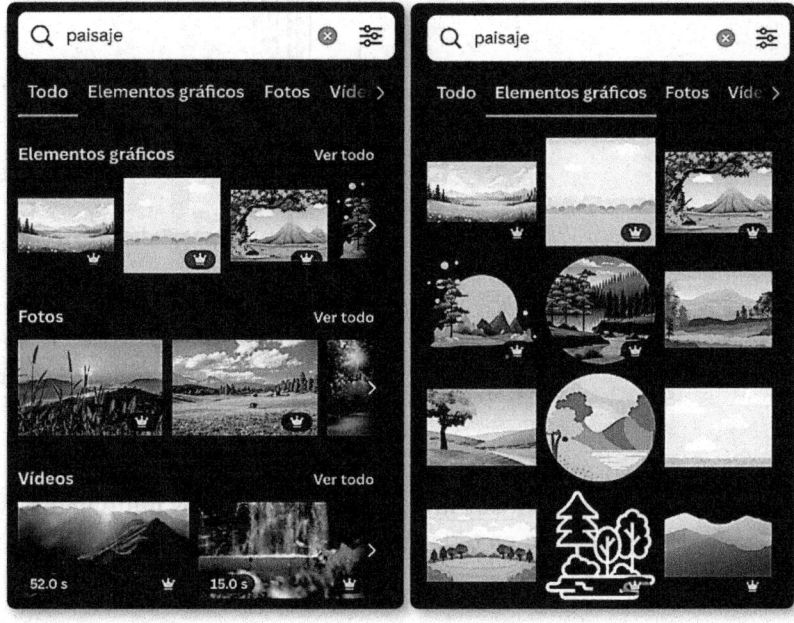

▼ **Elementos gráficos**: de lo que más usarás. Muy útiles para dar ese toque de distinción. Perfectos para completar tu diseño e, incluso, para crear proyectos llamativos. Los usarás en casi todos tus diseños, así que explora.

▼ **Formas**: la biblioteca de formas incluye una gran variedad de figuras geométricas y formas predefinidas que se pueden utilizar para crear y manipular gráficos. Estas formas básicas sirven como bloques de construcción para crear gráficos más complejos.

▼ **Gráficos**: sus múltiples opciones proporcionan herramientas para crear, manipular y representar datos visualmente. Puedes personalizarlos de muchas formas, por lo que es una buena herramienta.

▼ **Marcos**: permiten estructurar y organizar el contenido gráfico dentro de un marco definido. Ayudan a mantener una disposición ordenada y proporcionan una estructura visual clara.

▼ **Vídeos y audios**: Canva también incluye una biblioteca de vídeos y clips de audio que puedes utilizar en tus proyectos multimedia. Más adelante, se profundizará en todas las opciones que permite Canva.

▶ **Mockup**: la mejor forma de explicarlo es con la definición que ofrece la propia Canva: "*Un mockup es un modelo o representación de un diseño o producto. Al igual que una demostración de producto, los mockups pueden comunicar visualmente el aspecto que podría tener tu diseño o producto en la vida real. Los mockups suelen crearse con herramientas de diseño en línea y pueden adoptar la forma de diversos productos impresos y digitales, como camisetas, carteles, sitios web y aplicaciones móviles*".

Es una opción muy para tener en cuenta si te gusta o trabajas en el tema de la personalización. Tan fácil como elegir una plantilla (puedes crear el diseño desde cero) y elegir la imagen que quieras añadir. Veamos un ejemplo con el logotipo de la editorial. Para mayor facilidad, vendrán con la imagen del paisaje.

Una vez elegido el lugar en el que queremos nuestro diseño, seleccionamos el archivo o buscamos una imagen que nos resulte curiosa o tengamos pensada para elaborar el diseño.

Una vez elegido, lo arrastramos hasta la imagen del paisaje. Y ya solo te queda disfrutar del resultado.

Haciendo doble *clic*, puedes entrar en las opciones de la imagen, con diferentes posibilidades como aumentar o ajustar la imagen, además de alinearla y girarla. Y la herramienta de recorte inteligente, en el que la IA podrá ayudarte si lo necesitas.

Prueba para decidir cuál es el mejor diseño. En este ejemplo, vamos a aumentar la imagen y colocar el logo como imagen principal.

2.4.4 Guías

Las guías en Canva son herramientas esenciales que ayudan a alinear, organizar y espaciar elementos de manera precisa en los proyectos. Su importancia reside en que aseguran que los proyectos estén bien diseñados y ayudan al usuario a una mejor armonía. Son líneas visibles que aparecen en el espacio de trabajo y ayudan a organizar en el espacio todos los elementos (imágenes, texto…). Pueden usarse predefinidas o personalizadas.

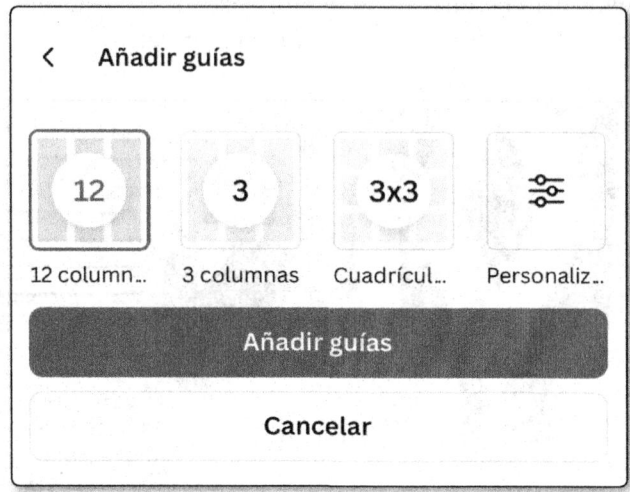

Si tienes el diseño claro, por ejemplo, con 12 imágenes que quieres que estén perfectamente organizadas, puedes seleccionar la opción de arriba o bien personalizarla a tu gusto. Aquí, el usuario tendrá que arrastrar desde los bordes y ajustarse a las necesidades.

Para acceder a ellas, es necesario ir a *Archivo* (borde superior izquierdo) y entrar en *Configuración*. Aquí, podrás añadir, borrar, bloquear y mostrar las guías.

Gracias a las guías, podrás encontrar la armonía y la profesionalidad que pueden ser determinantes en tus diseños. Entre las características importantes, podrás encontrar el centro exacto de tu proyecto, confirmar que el espacio entre los elementos es el mismo o lograr el equilibrio visual buscado en todos los elementos. Su uso incluye muchos ejemplos como portadas, diapositivas, banners… Con el objetivo principal de ayudarte a mejorar, su uso es recomendado, aunque creas que no las necesitas, ya que facilitan mucho el trabajo y con un poco de práctica lograrás optimizar tu trabajo y producir mejores resultados.

3

COMENZANDO A EDITAR

3.1 TEXTO Y TIPOGRAFÍA

El manejo del texto es crucial en cualquier diseño y Canva ofrece una amplia gama de herramientas para ayudarte a crear texto atractivo:

▷ **Añadir texto**: puedes añadir cuadros de texto seleccionando *Texto* en el panel lateral y eligiendo entre *Añadir un encabezado*, *Añadir un subencabezado*, o *Añadir un cuerpo de texto*. Si no estás seguro de cuál elegir, no te preocupes porque puedes cambiar el tamaño de la Fuente en cualquier momento agrandando el *Cuadro de texto* o manualmente desde *Tamaño de fuente*.

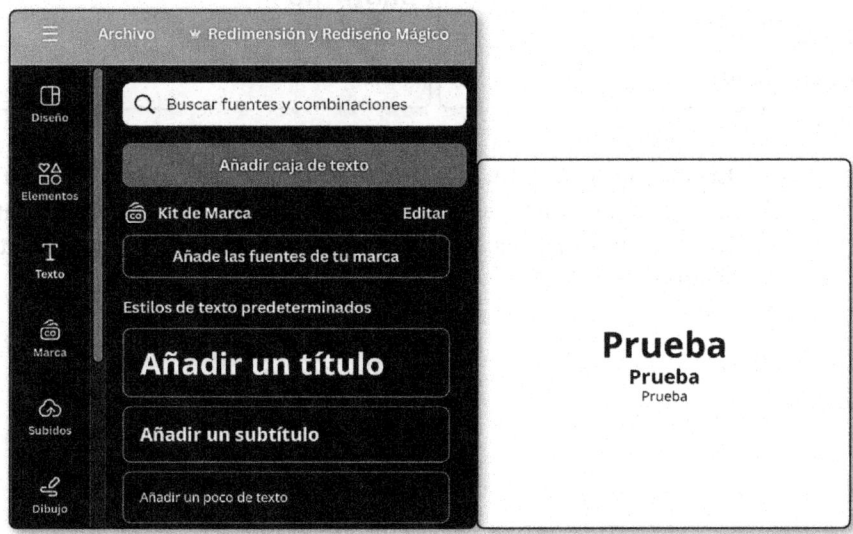

▶ **Fuentes y estilos**: Canva ofrece una extensa colección de fuentes. Puedes cambiar la fuente, el tamaño, el color y el estilo (negrita, cursiva, subrayado) de tu texto. Muy similar al de cualquier programa de creación de texto.

En el menú de *Fuentes* podemos ver todas las opciones, también las recomendadas y con la opción de subir nuestra propia fuente. En estilos de texto, podemos editar el Kit de Marca y ver un resumen de nuestro diseño.

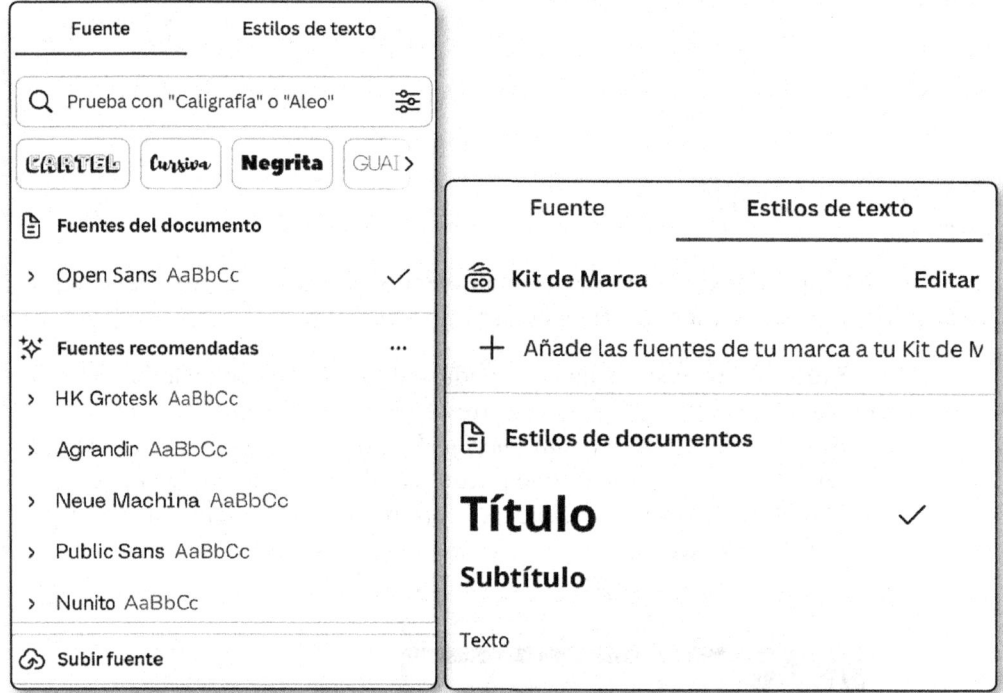

En el Kit de Marca, podemos subir nuestro logo, definir la fuente de letra que queramos, así como todas las opciones que nos plantea Canva. Si usas unas opciones que son comunes a todos tus diseños, te ahorrará tiempo.

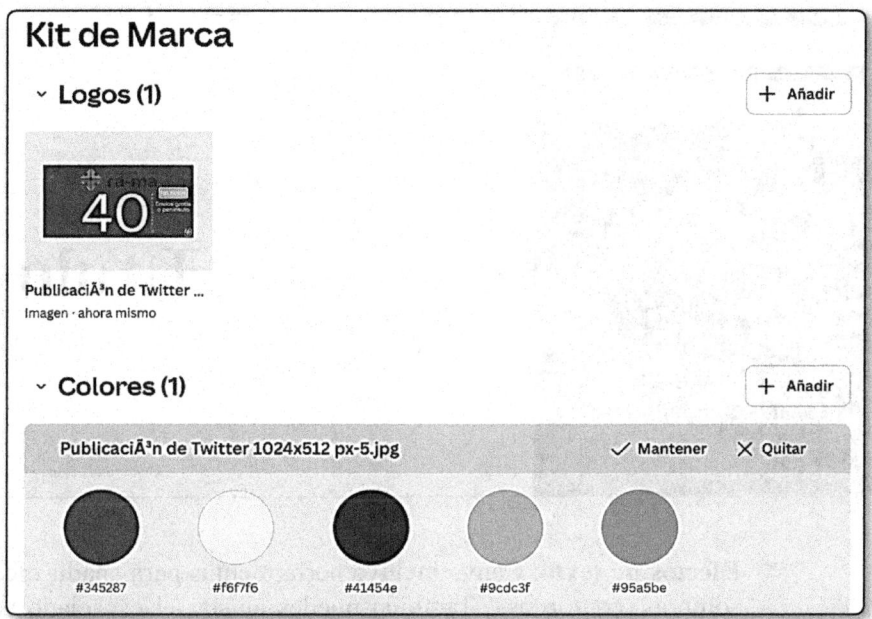

Como vemos en la siguiente imagen, es muy fácil personalizar tus parámetros. Escoge el tipo de letra, recuerda que puede ser uno que hayas subido, y defínelo en el tipo de texto que quieras. Posteriormente, cuando estés diseñando, tendrás la opción de forma rápida.

˅ Fuentes tipográficas   + Añadir

Título

Subtítulo

Título

Subtítulo

Encabezado de sección

Texto

Cita

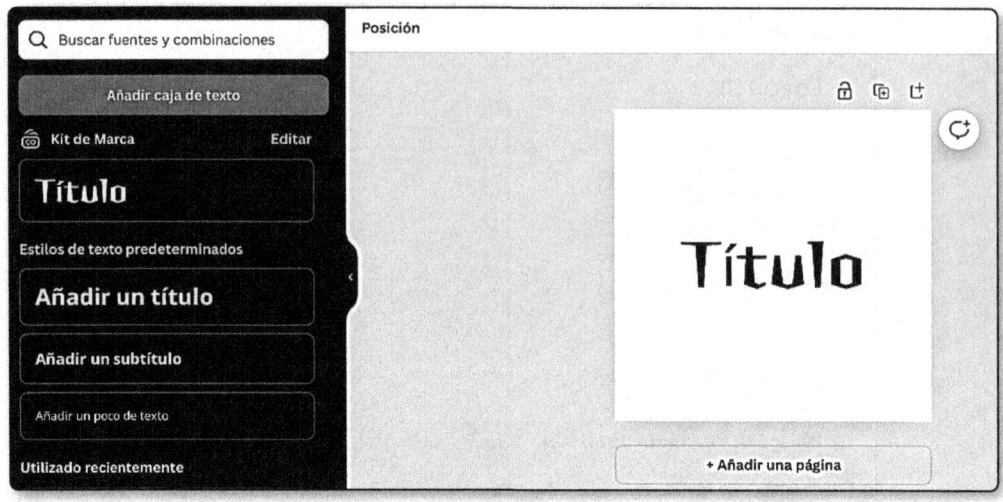

▶ **Efectos de texto**: Canva incluye herramientas para añadir efectos como sombras, contornos... También puedes ajustar el espaciado entre letras y líneas para una mayor personalización. Además de las opciones que hemos visto en *Efectos* también se puede curvar el texto.

Forma

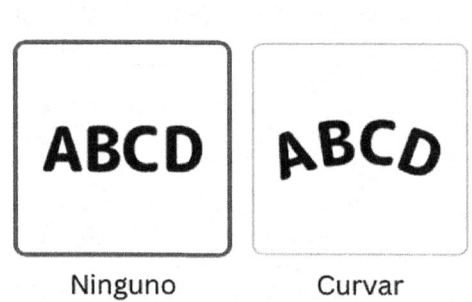

Ninguno   Curvar

Respecto a las animaciones, hay muchas que harán que tu texto brille con luz propia, sobre todo en los vídeos, en los que deberías jugar con la entrada o la forma en que se presente el texto.

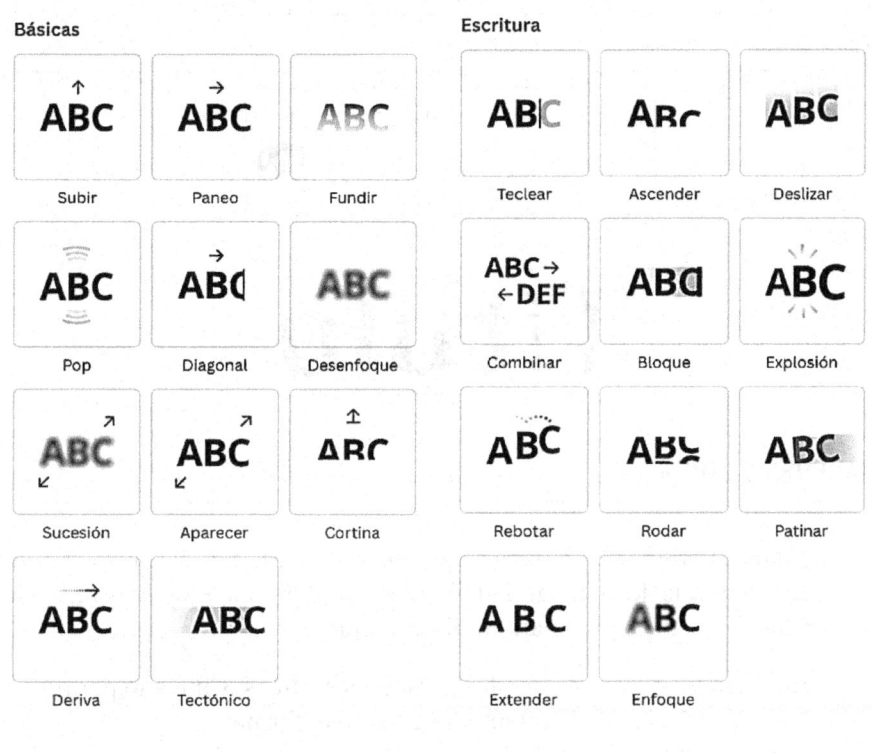

En la parte superior, encontrarás las mencionadas opciones de texto y un acceso directo a los efectos y animaciones. El tamaño puedes cambiarlo introduciendo un valor numérico o agrandándolo mediante las flechas.

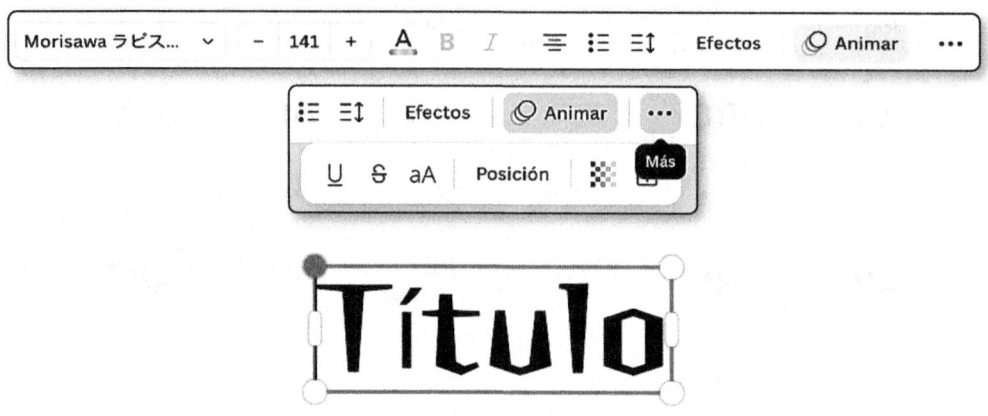

3.2 IMÁGENES Y VÍDEOS

▶ **Elementos gráficos:** buena opción para hacer tus diseños diferentes y con un toque de originalidad. Puedes encontrar cualquier cosa, por lo que cuando busques algo para tu diseño, innova.

▶ **Imágenes**: además de añadir elementos gráficos, Canva te permite editar imágenes y vídeos directamente en la plataforma:

Para ver las diferentes opciones, vamos a construir una imagen. Elegimos como Elemento gráfico una ciudad.

▶ **Herramientas de edición de imágenes**: recorta, redimensiona y aplica filtros a tus imágenes. Puedes ajustar la exposición, el contraste, la saturación y otros parámetros.

Vamos a seleccionar una imagen también de ciudad y añadirla. Aquí depende del gusto, por eso vamos a insertarla al fondo.

▶ **Edición de vídeos**: corta y une clips de vídeo, añade transiciones y ajusta la velocidad de reproducción. También puedes añadir pistas de audio y sincronizarlas con tu vídeo.

Igual que en los casos anteriores, podemos añadir un vídeo directamente a nuestro proyecto.

Pero todo lo que podemos hacer con las imágenes y con los vídeos es extenso, por lo que merece mención aparte.

3.2.1 Jugando con imágenes

Cuando nos metemos en *Editar imagen* (lado superior izquierdo), nos encontramos tres ventanas. En la primera, *Efectos*, encontramos las siguientes opciones:

*f*x   ≈   ⌐⌐

Efectos   Ajustar   Recortar

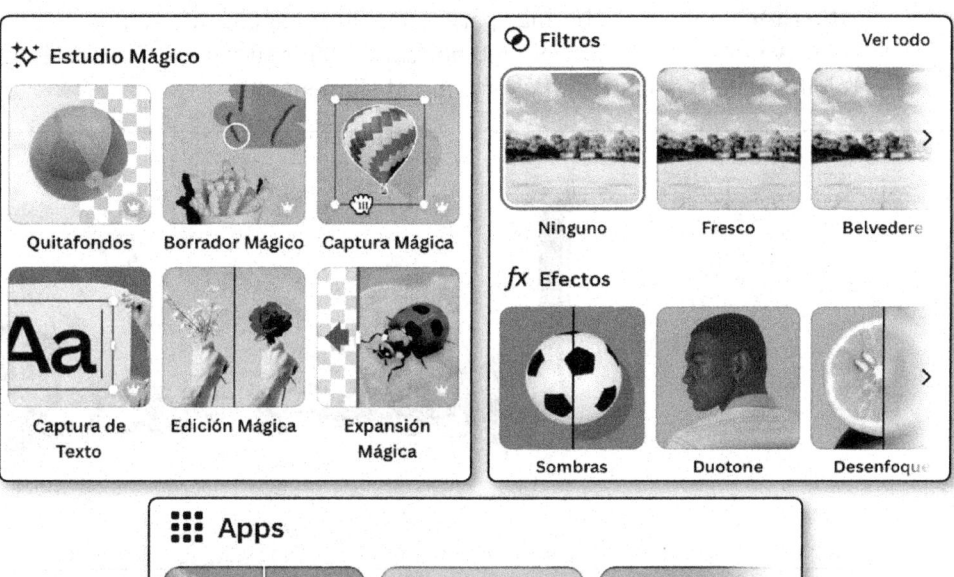

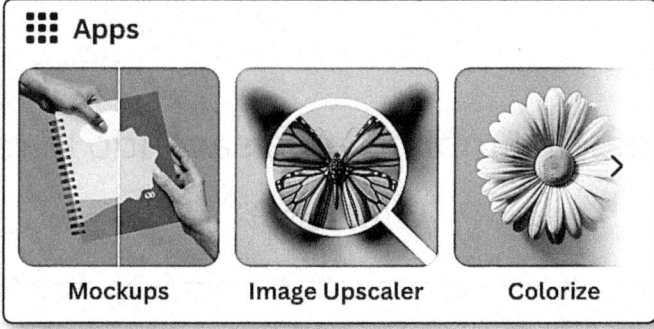

Vamos a ver una a una:

▷ **Quitafondos**: nos permite, como su propio nombre indica, eliminar el fondo para quedarnos con la imagen que deseemos. Como en todos los programas, cuanto más nítido sea, mejor resultado tendremos.

▼ **Borrado mágico**: elimina partes de la imagen que elijas. Como observamos, hay un pincel, que podemos elegir su tamaño y seleccionar el área para obtener resultados como el siguiente:

El personal de limpieza está sacando lo mejor de tu imagen...

Con la herramienta *Hacer clic*, otra de las opciones de IA, nos seleccionara de manera predeterminada lo que nos aconseja borrar.

> ► **Captura mágica**: es similar a la anterior, pero con el objetivo de seleccionar un área determinada. Puedes también hacerlo manual o con el clic mágico.

▼ **Captura de texto**: permite copiar un texto de la imagen que deseemos para usarlo en el mismo u otro diseño. Si haces diseños con marcas o textos muy característicos, es vital que manejes esta herramienta.

▶ **Edición mágica**: ¿Editar una imagen a nuestro antojo? Suena muy bonito, probémoslo.

El procedimiento es similar, con la diferencia de describir el cambio que queremos realizar. En el ejemplo de la imagen, vamos a señalar que queremos un hombre con chaqueta azul.

▶ **Expansión mágica**: muy útil para cuadrar la imagen que quieras si deseas un formato específico.

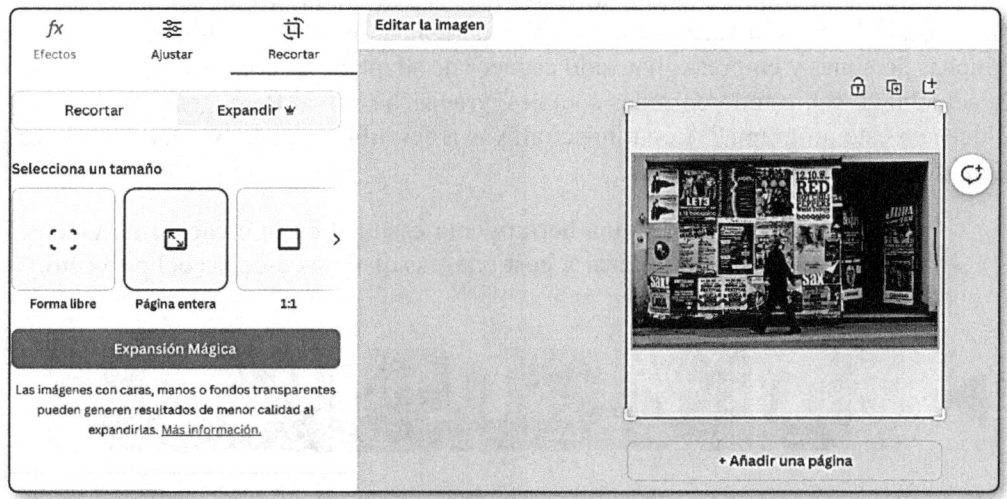

En el ejemplo, vamos a seleccionar la página entera.

3.2.2 Jugando con vídeos

Canva permite a usuarios de todos los niveles producir vídeos profesionales sin necesidad de software complejo o experiencia previa en edición de vídeo. Muchas personas y empresas han sido capaces de adaptarse al contenido que solicita la actualidad, sobre todo en redes sociales, gracias a Canva. Pero, ¿es difícil editar vídeos en este programa? A continuación, vas a descubrir que no, viendo en primer lugar los parámetros esenciales.

▸ **Línea temporal**: es una herramienta esencial en la creación de vídeos, ya que permite organizar y gestionar las distintas escenas del proyecto.

Aunque indagaremos en todas ellas en este apartado, encontrarás estas opciones cuando tengas tu vídeo.

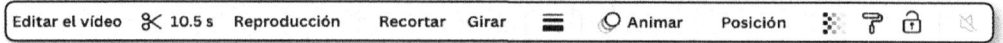

Cómo usar la línea temporal en Canva

▸ **Acceso a la línea temporal**: una vez que seleccionas o creas un nuevo proyecto de vídeo, la línea temporal aparecerá en la parte inferior del editor.

▸ **Añadir escenas**: haz clic en: *Añadir página* o utiliza plantillas prediseñadas para crear nuevas escenas.

▸ **Organizar escenas**: arrastra y suelta las escenas en la línea temporal para reorganizarlas según tu secuencia deseada.

▸ **Edición de escenas**: haz clic en cada escena para editar su contenido, ajustar su duración y aplicar efectos específicos.

El uso de la línea temporal es muy intuitiva y podremos acortar las diferentes escenas de forma fácil ajustándolas nosotros mismos.

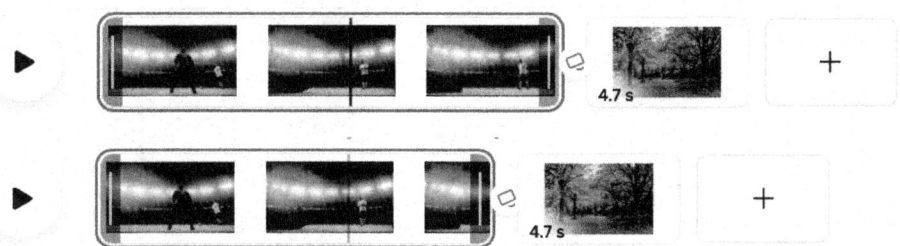

En cada escena, tenemos disponible diversas opciones de manera rápida (los tres puntitos):

Menú de herramientas superior

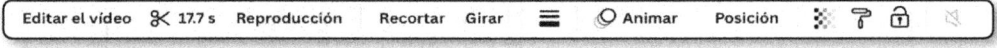

En la primera opción, *Editar el vídeo*, observamos que tenemos dos opciones: *Herramientas* y *Ajustar*. La primera nos permitirá usar las opciones *Quitafondos* y *Destacados* (ahora veremos en qué consisten) y elegir diferentes filtros, mientras que la segunda nos ofrece distintas posibilidades sobre la iluminación, balance de blancos…

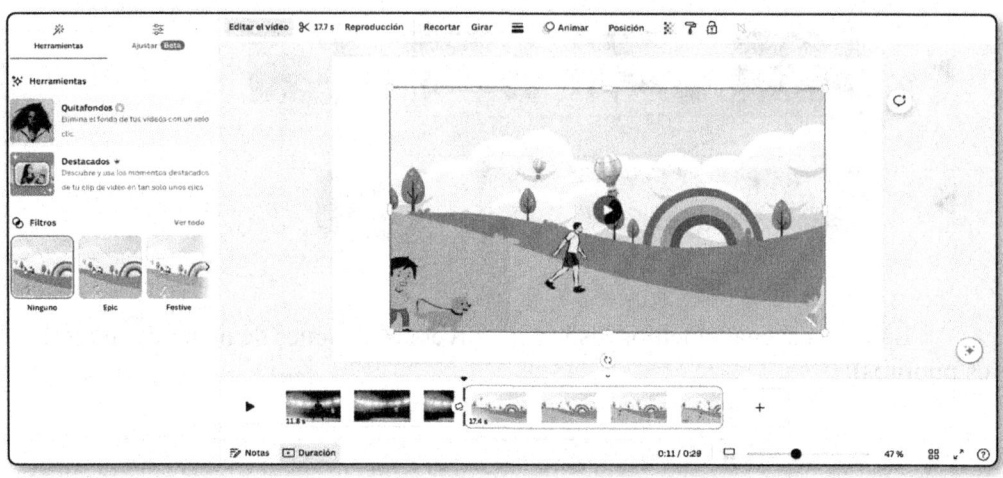

La opción de quitar el fondo, como hemos comprobado en las imágenes, es muy eficaz y rápida. En los vídeos es el mismo concepto, aunque has de tener cuidado ya que cada elemento es diferente y puedes no conseguir el efecto que necesites.

Destacados ♛
Descubre y usa los momentos destacados
de tu clip de vídeo en tan solo unos clics

Destacados nos hace una selección de las partes del vídeo que cree mejores para nuestro proyecto.

En cuanto a los filtros, tenemos una gran selección para decidir si alguno se ajusta mejor a nuestro estilo. En cada uno, además, podremos seleccionar la intensidad del filtro.

Recortar: con esta opción, podrás elegir el tamaño que mejor se adecue a tu vídeo. Porque no es lo mismo editar un vídeo para Youtube que para Instagram, por poner algún ejemplo. Tampoco si quieres que se visione en horizontal o vertical, muy de moda en los últimos años debido a la fiebre de TikTok.

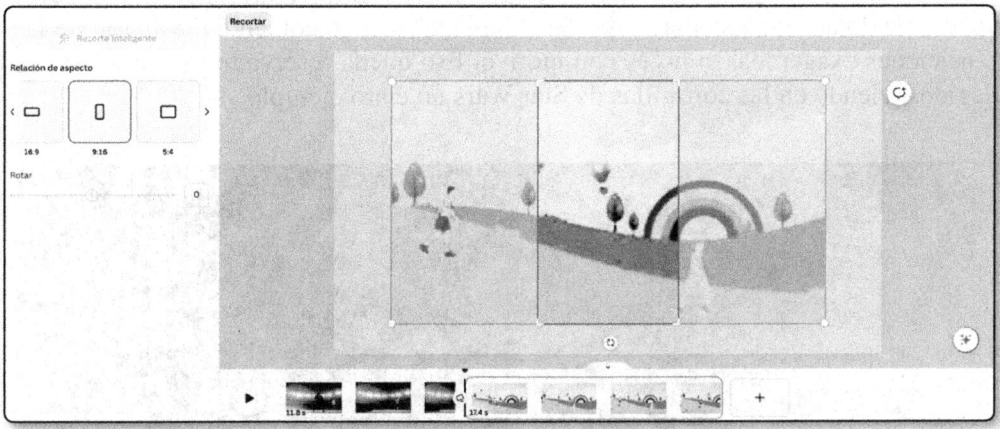

También está disponible la opción de girar, pudiendo voltear tu vídeo en horizontal o vertical.

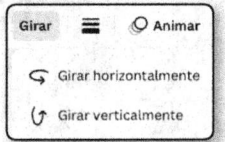

Podemos colocar también bordes a nuestros vídeos. Con parámetros muy interesantes como el grosor del borde o la redondez de las esquinas. Aunque creas que es una opción que puedas no usar, puede darle ese toque que, quizá, buscabas y no sabías que podía hacerse de forma tan sencilla.

Transiciones entre escenas

Una transición entre las diferentes partes del vídeo es esencial para conseguir un buen resultado en tu proyecto. Aunque no lo creas, es tan importante como el contenido. Suavizan los cambios y ayudan al consumidor al disfrute del vídeo, además de dotarlo de una mayor profesionalidad. No es recomendable abusar de las transiciones exageradas si no es con motivo. Eso queda reservado para unos pocos elegidos, viendo en las cortinillas de Star Wars un claro ejemplo.

Es importante aclarar que cuando señalas *Acortar* (símbolo de las tijeras), te saldrán las opciones de *Autorrecorte* y *Destacados*.

La primera te ofrece la posibilidad de que Canva elabore por ti el trozo de vídeo que es mejor para tu proyecto, mientras que el segundo, estando aún en proceso, te selecciona una parte del vídeo.

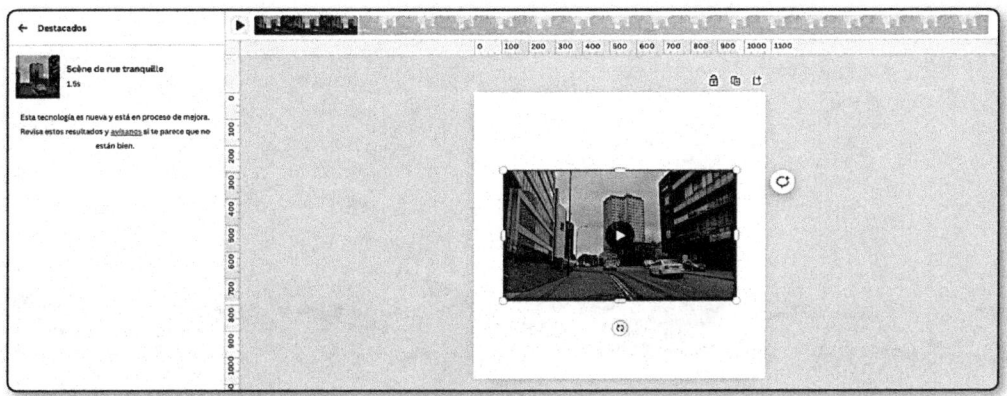

Lo primero es seleccionar la escena y hacer clic en el icono de transición entre dos escenas. Hecho esto elegimos la transición deseada. Ya solo quedaría ajustar la duración y el estilo de la transición para que se adapte a tu vídeo. Es crucial para mantener el ritmo y la fluidez de tu vídeo. Para ello, utilizaremos los controles deslizantes o ingresaremos la duración exacta en segundos para cada escena.

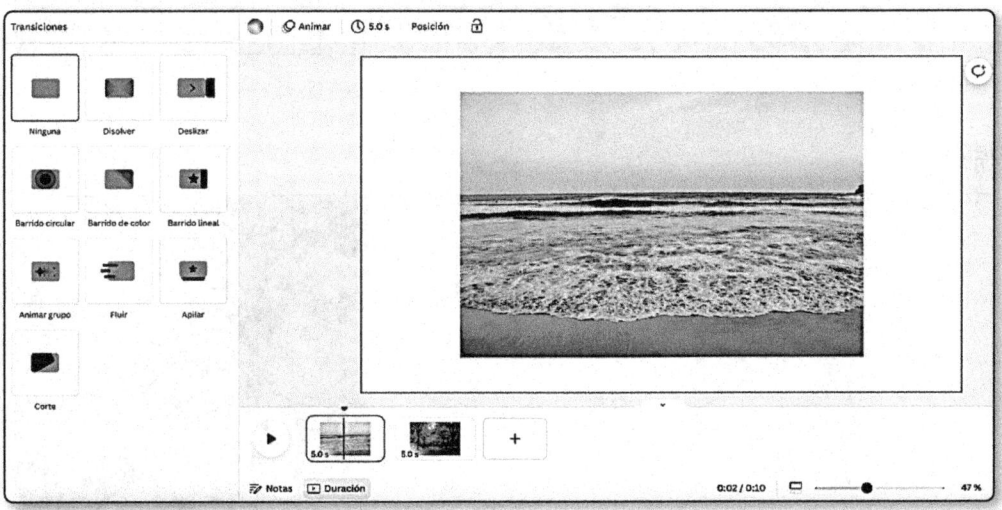

Además de Ninguna, que no suele ser recomendable porque las escenas pueden quedar demasiado forzadas, existen las siguientes transiciones:

Disolver

Deslizar

Barrido circular

Barrido de color

Barrido lineal

Animar grupo

Fluir

Apilar

Corte

Para ver si el resultado es idóneo, previsualiza el vídeo, siempre hay alguna transición que dura menos o más y que no te das cuenta hasta que ves el producto final.

Animación de textos, elementos y diapositivas

La animación agrega dinamismo a tus vídeos, haciendo que los textos y elementos gráficos cobren vida y sean más fáciles de ser consumidos por el público. Para animar, seleccionamos los elementos que deseemos e iremos a la barra *Herramientas*, donde seleccionaremos la opción *Animar*.

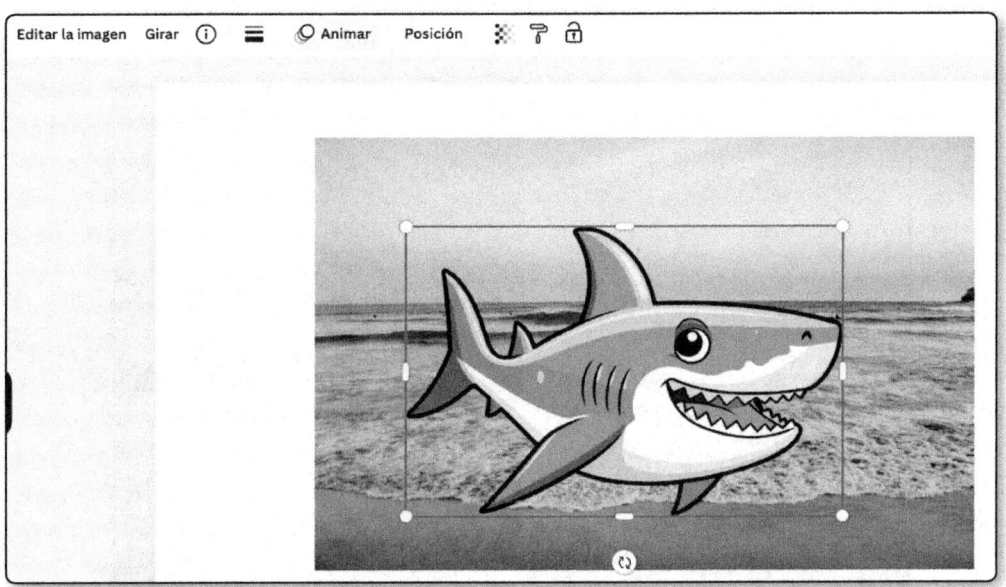

Una vez hecho esto, elegiremos qué efecto consigue el resultado deseado. Veamos las diferentes opciones que podemos elegir.

Básicas

Subir

Paneo

Fundir

Pop

Diagonal

Desenfoque

Sucesión

Aparecer

Cortina

Deriva

Tectónico

Dentro de cada animación, hay una serie de opciones para personalizar y editar al gusto, pudiendo elegir parámetros como la velocidad o la dirección.

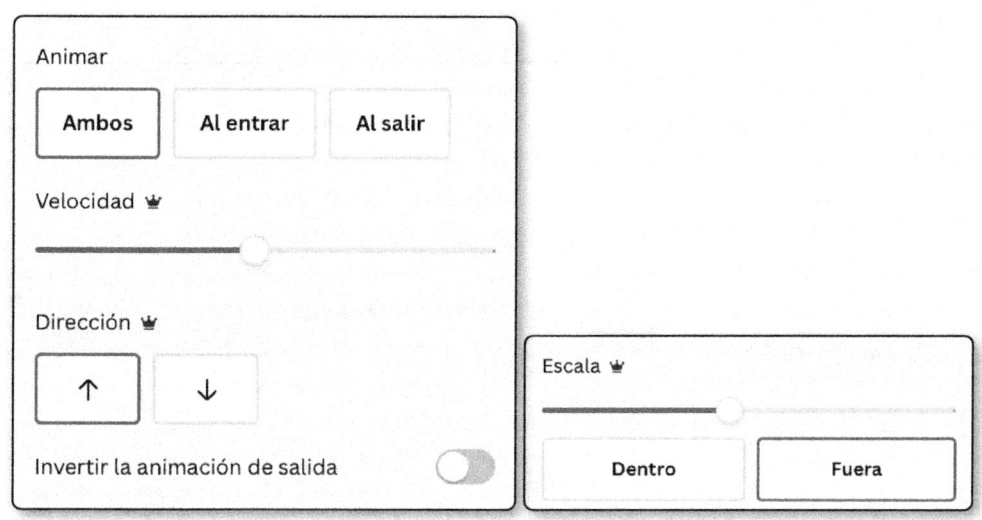

Exageradas

Rodar

Neón

Recortes

Pisotón

      La opción de *Animar* incluye la posibilidad de elegir si la animación queremos que se haga al entrar, al salir o en ambas. Es muy útil para una transición más limpia y esencial cuando se haga con texto, ya que si no, puede dejar una sensación rara en el usuario. Aún así, prueba los diferentes elementos para confirmar lo que mejor le va a ir a tu proyecto.

Animar

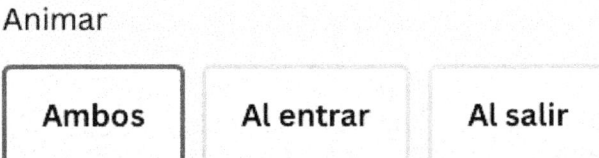

Movimientos de fotos

Fluir

Subir

Alejar

Rotación

Parpadeo

Latido

Temblor

     Por supuesto, puedes editar la imagen de la misma forma que hemos visto en el punto anterior.

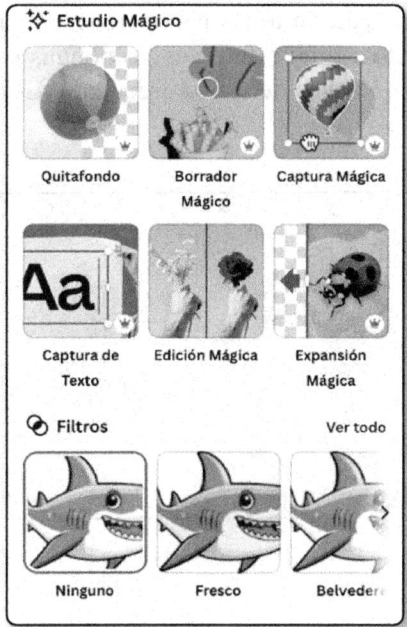

Además de animar las imágenes, puedes animar toda la página. Esto significa que puedes crear efectos tanto en el elemento como en el fondo, obteniendo resultados que pueden gustarte más.

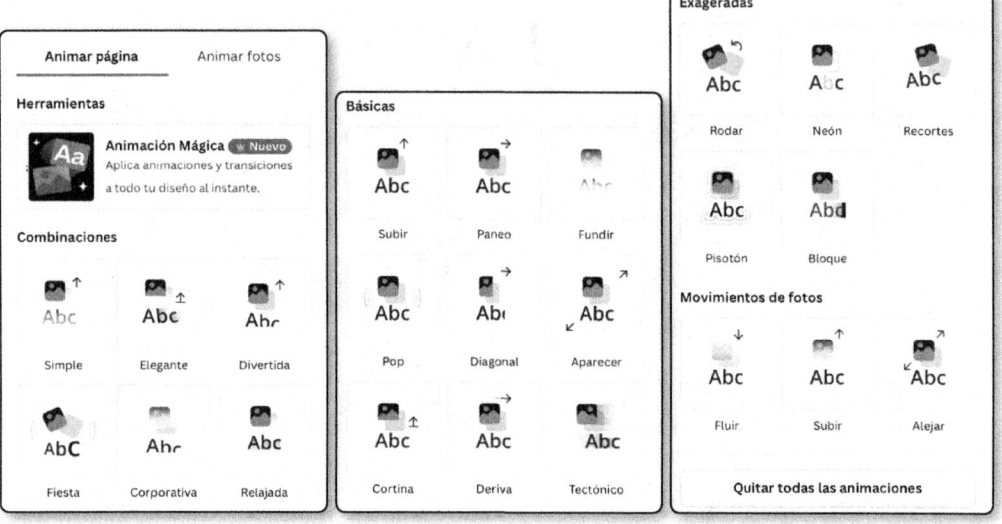

A la hora de añadir texto, funciona de la misma manera. Una vez señales en el menú superior la opción de *Animar*, te saldrán todas las opciones. Vital para presentaciones o proyectos en los que el texto sea un referente. No pongas uno por creer que queda bien, a no ser que sea uno que uses de forma frecuente. Estos son algunos ejemplos:

Incorporación de audio narrado (Propio)

Podemos agregar audio para que salga en voz en off y dotar al vídeo de un toque personal. Es buena idea para una campaña publicitaria o un tráiler, pero puedes hacerlo en muchísimos proyectos. Podemos tener un audio ya creado o hacerlo a través de la función de grabación de voz. En la barra lateral, seleccionamos *Audio* y posteriormente *Subir Archivos* para añadir la grabación. Arrastramos y soltamos el archivo de audio en la línea temporal, ajustando su posición para que coincida con las escenas elegidas.

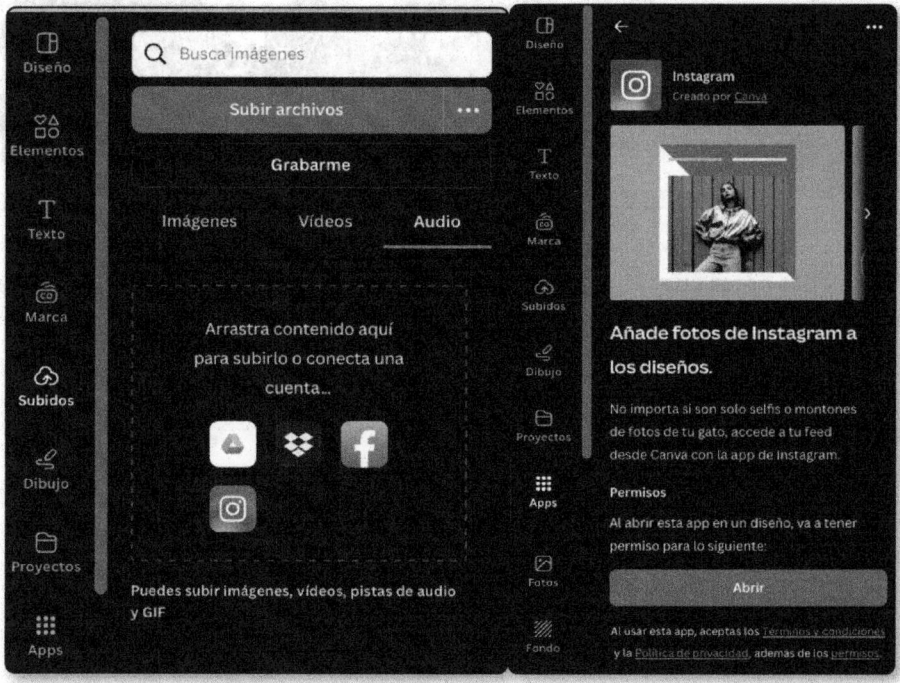

Puedes agregar el audio arrastrando el archivo, desde Dropbox, Google Drive e incluso desde redes sociales como Instagram o Facebook.

Al igual que esto, podemos añadir cualquier elemento al vídeo. Lo más recurrente es usar textos o imágenes, pero también queda bien añadir elementos gráficos que den un estilo propio.

Creemos un ejemplo. Piensa en algo y podrás hacerlo posible. Por ejemplo, ¿un vídeo de un jugador de fútbol fallando un penalti que diga "Ouch" mientras un ovni sobrevuela la escena y con un texto que ponga "Las pequeñas cosas"? ¿Por qué no? Sabemos añadir todos los elementos, así que manos a la obra.

Puedes crear cualquier vídeo que ves en redes sociales, por lo que ahora el truco es probar, así que indaga y prueba efectos y transiciones para conseguir un vídeo que, a lo mejor, no esperabas crear.

Creemos una animación

A través de esta opción, podemos definir cualquier movimiento que imaginemos en nuestro vídeo.

Presionando la tecla *Mayúscula*, podremos crear en segundos un divertido efecto.

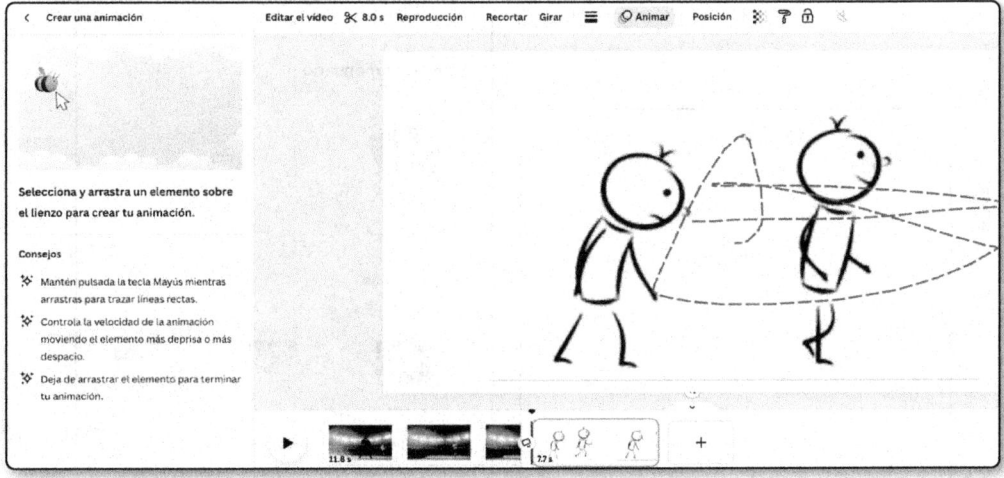

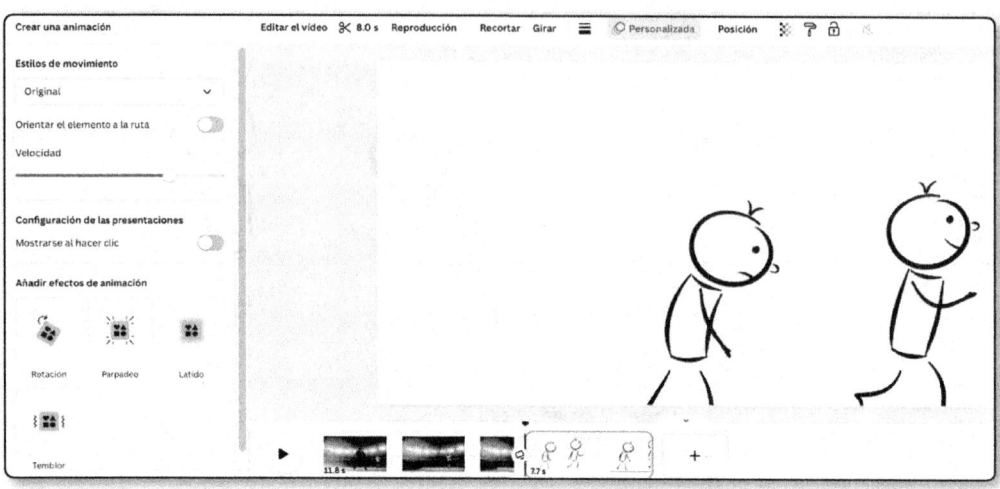

Teniendo en cuenta tu vídeo, Canva también te creará animaciones.

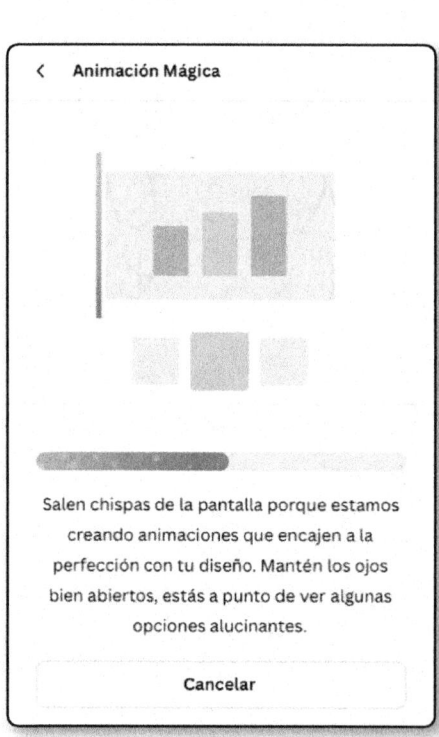

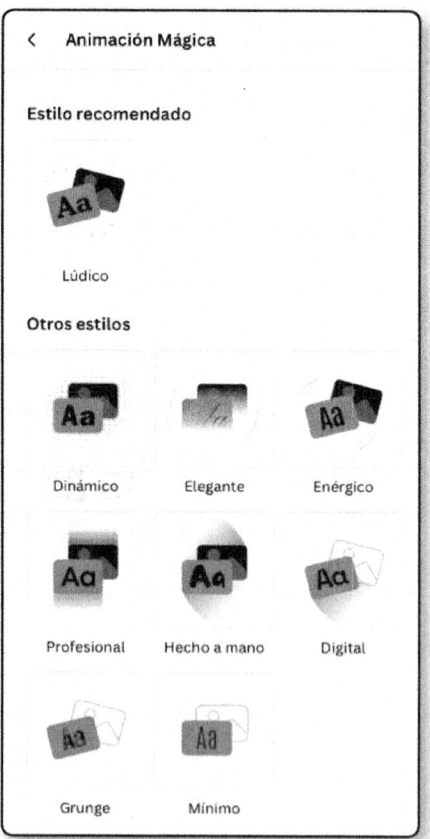

3.3 TEXTOS Y TIPOGRAFÍAS EN CANVA

La tipografía es una parte crucial del diseño gráfico que influye significativamente en la percepción y eficacia de la comunicación visual. Canva ofrece una variedad de herramientas y opciones para trabajar con textos y tipografías de manera eficiente y creativa.

Añadir texto

Añadir texto en Canva es un proceso sencillo y flexible, adecuado tanto para principiantes como para diseñadores experimentados.

▸ **Herramienta de texto**: al iniciar un proyecto en Canva, los usuarios pueden añadir texto seleccionando la opción *Texto* en el panel lateral. Desde aquí, pueden elegir entre añadir un título, subtítulo o cuerpo de texto.

▼ **Arrastrar y soltar**: los cuadros de texto se pueden arrastrar y soltar en cualquier parte del lienzo, permitiendo una colocación precisa y personalizable.

Tipos de cuadros de texto

Como vemos en la imagen superior, Canva permite trabajar con diferentes tipos de cuadros de texto, cada uno adecuado para distintas necesidades de diseño.

▼ **Título**: usado para los encabezados principales en un diseño. Generalmente, se utiliza una fuente grande y llamativa para captar la atención del lector.

▼ **Subtítulo**: sirve como un segundo nivel de encabezado, proporcionando claridad y guiando al lector a través del contenido de manera organizada.

▼ **Cuerpo de texto**: utilizado para párrafos y bloques de texto más extensos. Debe ser legible y estar bien espaciado para facilitar la lectura.

Inserción y edición de texto

La inserción y edición de texto en Canva es intuitiva y ofrece una amplia gama de opciones para personalizar el contenido.

▼ **Agregar texto**: una vez seleccionado el tipo de cuadro de texto, los usuarios pueden simplemente hacer clic y comenzar a escribir. Canva ofrece una variedad de fuentes y estilos predeterminados que se pueden aplicar con un solo *clic*.

▶ **Formato de texto**: puedes ajustar el tamaño, color, alineación y espaciado del texto utilizando el menú de formato. Esto incluye opciones para negrita, cursiva, subrayado, y ajuste de interlineado y espaciado entre letras.

▶ **Editar texto**: para editar texto existente, puedes hacer doble *clic* en el cuadro de texto y realizar los cambios necesarios. Canva permite una edición precisa y fácil, manteniendo la flexibilidad de diseño.

Estilos de texto

Aplicar estilos de texto adecuados es crucial para crear diseños atractivos y efectivos.

▶ **Selección de fuente:** Canva ofrece una amplia selección de fuentes que se pueden utilizar para diferentes propósitos. Se pueden elegir fuentes predeterminadas o cargar sus propias fuentes personalizadas para asegurar la consistencia de la marca.

▶ **Uso de estilos y jerarquías tipográficas**: la jerarquía tipográfica ayuda a guiar al lector a través del contenido, destacando elementos importantes y creando un flujo lógico. Usar diferentes tamaños, grosores y estilos de fuente ayuda a establecer esta jerarquía.

▶ **Combinar fuentes:** Canva facilita la combinación de diferentes fuentes para crear un diseño armonioso. Se recomienda combinar una fuente de encabezado llamativa con una fuente de cuerpo de texto más sencilla y legible.

Efectos de texto

Los efectos de texto pueden añadir profundidad y atractivo visual a los diseños. Canva ofrece diversas opciones para aplicar efectos de texto.

> ▶ **Aplicación de sombras**: las sombras pueden dar la apariencia de profundidad y hacer que el texto se destaque del fondo. Canva permite ajustar la dirección, color y transparencia de las sombras.

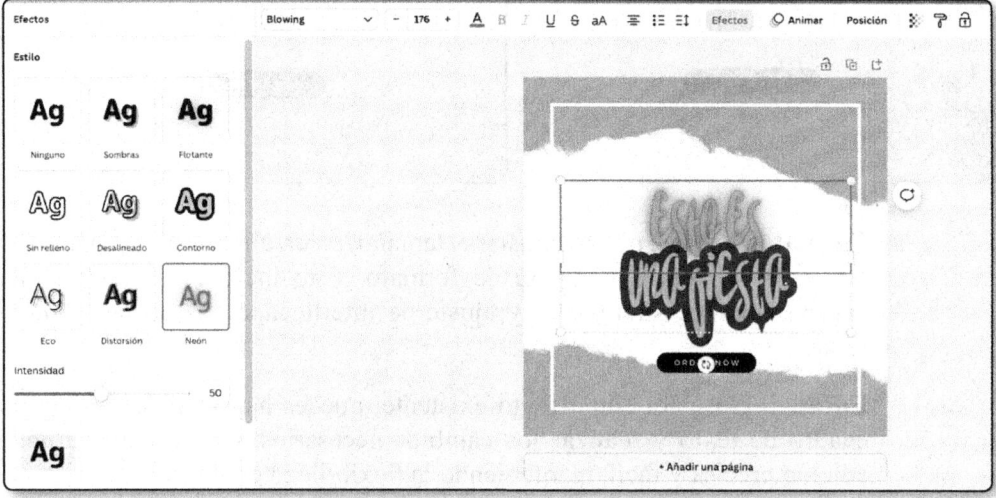

> ▶ **Bordes y contornos**: los bordes y contornos alrededor del texto pueden hacer que las letras se destaquen aún más. Esta opción es particularmente útil para títulos y encabezados.

> ▶ **Otros efectos de texto**: Canva también ofrece efectos como resplandor, neón, y curvas, que pueden utilizarse para dar un toque creativo y único al texto. Estos efectos pueden ajustarse en términos de intensidad y color para adaptarse al diseño general.

Trabajar con textos y tipografías en Canva es un proceso intuitivo que ofrece una amplia gama de herramientas y opciones para personalizar y optimizar los diseños. Desde la elección y edición de texto hasta la aplicación de efectos y la creación de jerarquías tipográficas, Canva proporciona todo lo necesario para asegurar que el contenido textual sea claro, atractivo y efectivo. Aprovechando estas herramientas, puedes crear diseños que no solo sean visualmente impactantes, sino también funcionales y alineados con la identidad de la marca.

3.4 TAMAÑO EN CANVA

Elegir el tamaño adecuado para un diseño en Canva es esencial para asegurarse de que el resultado final se vea bien y funcione correctamente en el contexto en el que se va a utilizar. Canva facilita la selección de tamaños con plantillas preestablecidas, pero también permite personalizar dimensiones según las necesidades específicas del proyecto. ¿Cómo elegir bien el tamaño? Aunque parezca algo fácil, no es lo mismo comenzar un diseño de un post que de una historia de Instagram. Elegir el idóneo hará que tu diseño se vea mejor, además de añadirle profesionalidad.

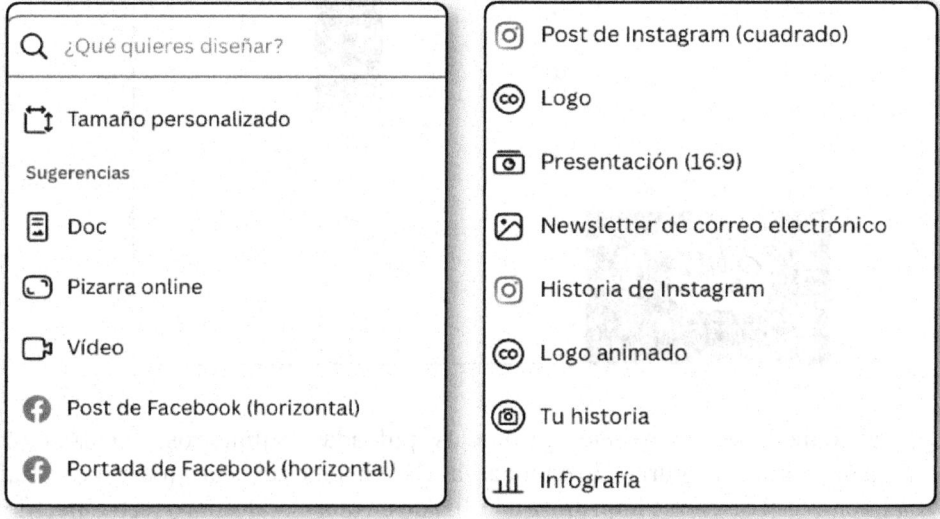

Lo primero que debes hacer es determinar dónde y cómo se va a utilizar tu diseño. ¿Es para una publicación en redes sociales, una imagen impresa, una web, una felicitación...?

Cada tipo de diseño tiene dimensiones recomendadas o estandarizadas. Por ejemplo, un post de Instagram cuadrado generalmente se diseña en 1080 x 1080 píxeles, mientras que una portada de Facebook puede requerir un tamaño de 820 x 312 píxeles.

Las plantillas predefinidas de Canva son una gran solución y te salvarán del aprieto la mayoría de las veces.

Ya sabes que puedes acceder a estas plantillas desde la pantalla principal o a través de la barra de búsqueda. Selecciona la que mejor se adapte y Canva ajustará automáticamente las dimensiones del lienzo al tamaño adecuado según la plantilla que elijas.

Si el diseño requiere dimensiones específicas que no se encuentran en las plantillas prediseñadas, puedes establecer un tamaño personalizado. En la pantalla principal de Canva, selecciona "Crear un diseño" y luego "Dimensiones personalizadas".

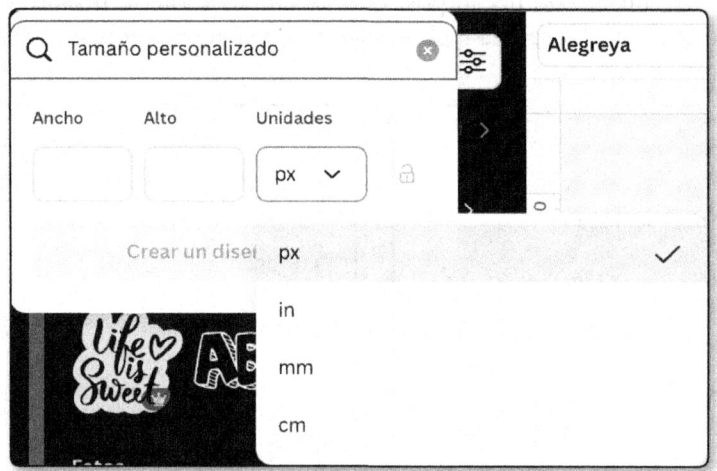

Introduce las dimensiones en píxeles, pulgadas, milímetros o centímetros, según sea necesario. Asegúrate de conocer las dimensiones exactas que se necesitan, especialmente si el diseño se imprimirá o utilizado en una plataforma o web específica.

Para diseños impresos, la resolución es crucial. La mayoría de los impresores recomiendan una resolución de 300 ppp (píxeles por pulgada) para asegurar una impresión clara y nítida.

Los tamaños estándar de impresión incluyen A4 (210 x 297 mm) o A3 (297 x 420 mm), entre otros. Asegúrate de que el tamaño elegido coincida con el tamaño del papel o el formato que se utilizará.

Si tu diseño será impreso y recortado, agrega un margen de sangrado (usualmente 3 mm en todos los lados) para evitar bordes blancos no deseados. Desde Archivo/Configuración, podrás señalar el sangrado para impresión.

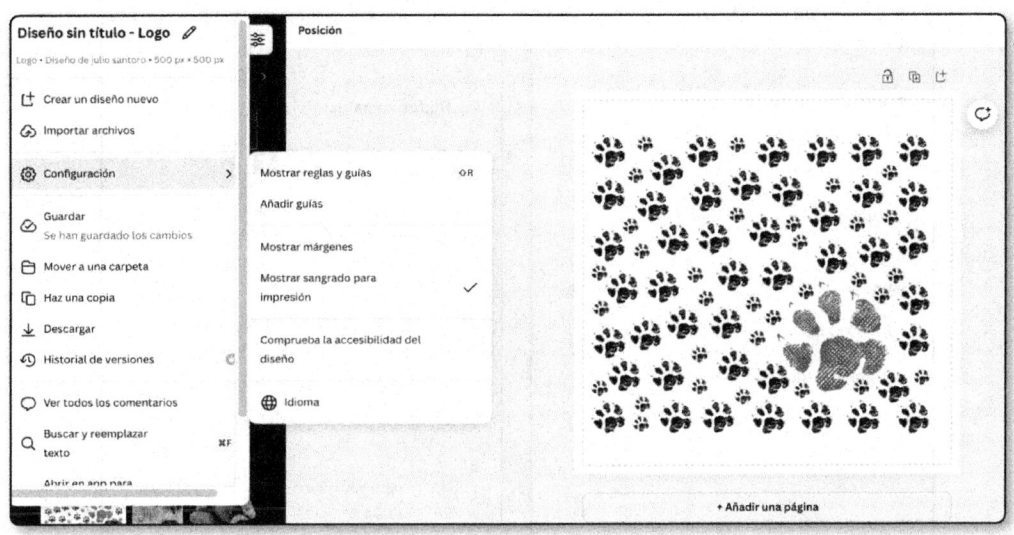

Para redes sociales, cada plataforma tiene sus propios requisitos de tamaño. Canva ofrece plantillas para las dimensiones óptimas de publicaciones en Instagram, Facebook, Twitter, LinkedIn…

Las imágenes en la web deben tener un tamaño lo suficientemente grande como para verse bien en diferentes dispositivos, pero lo suficientemente pequeñas como para cargar rápidamente. Un equilibrio común es entre 72 y 150 ppp.

Si estás creando gráficos para un sitio web, asegúrate de que se vean bien en diferentes dispositivos. Considera crear varias versiones del diseño en distintos tamaños para dispositivos móviles y de escritorio.

Ajustes posteriores

Redimensionar el diseño

Como se define a lo largo del libro, Canva tiene una herramienta de redimensionamiento (disponible en Canva Pro) que te permite ajustar el tamaño de tu diseño a otras dimensiones sin perder calidad.

Esto es útil si necesitas el mismo diseño en diferentes formatos (por ejemplo, una publicación de Instagram y una historia de Instagram).

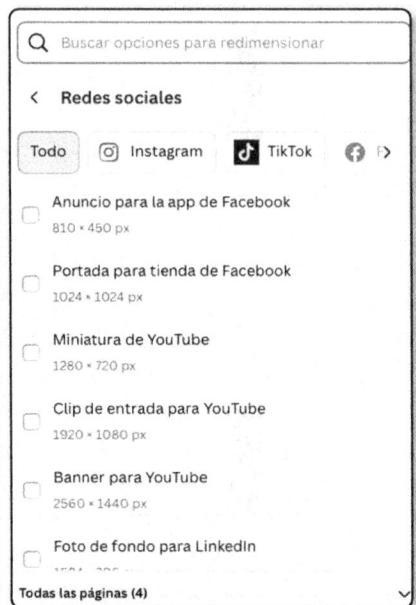

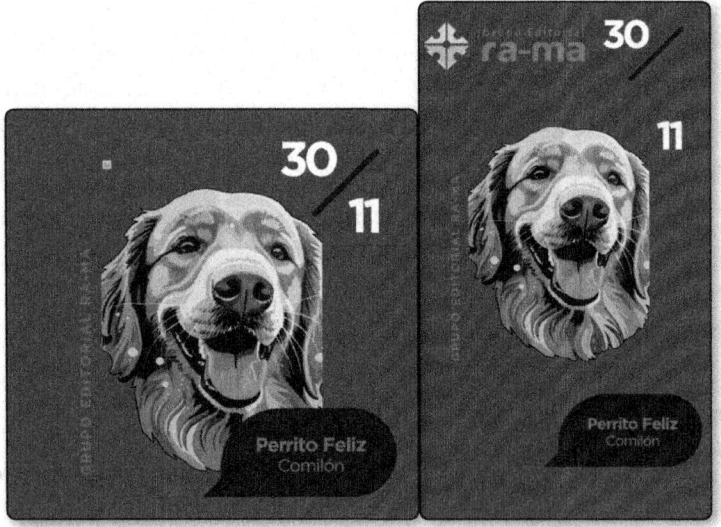

En el ejemplo, hemos elegido este diseño para ver cómo cambia el diseño de un post de Instagram al formato historia de la misma aplicación.

Antes de redimensionar, una vez hayas escogido el formato deseado, utiliza la vista previa para ver cómo se verá el diseño en su contexto final. Asegúrate de que los elementos clave no se vean distorsionados o cortados.

Consejos prácticos

⯈ **Probar varios tamaños**: si no estás seguro del tamaño exacto, prueba diferentes dimensiones y exporta versiones preliminares para ver cuál se adapta mejor a tus necesidades.

⯈ **Usar margen de seguridad**: siempre deja espacio alrededor de los elementos clave para evitar que queden cortados en el caso de redimensionamientos o ajustes posteriores.

⯈ **Consultar guías de la plataforma**: muchas plataformas y servicios ofrecen guías con recomendaciones de tamaño que puedes consultar para asegurarte de que tu diseño se ajusta a los estándares.

3.5 COMPARTIR

Cuando hemos acabado el diseño, lo más normal es descargarlo eligiendo el tipo de archivo que queremos (PNG, PDF, MP4…). Pero Canva ofrece muchas formas de poder compartir y exportar lo que acabamos de crear. Vamos a ver todas ellas.

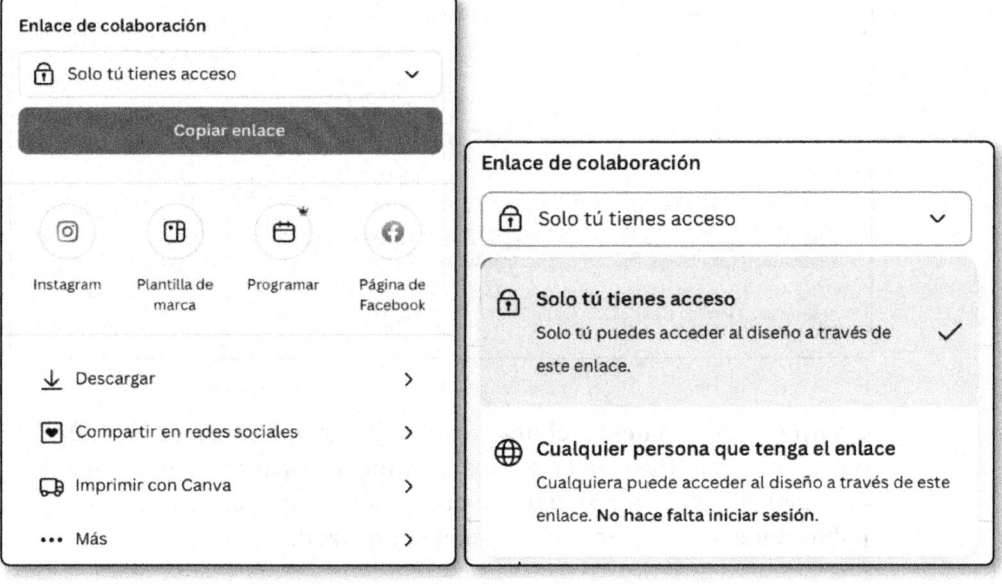

Además de elegir a las personas que pueden tener acceso al diseño y que podemos añadir, Canva nos ofrece las siguientes opciones:

- **Enlace de colaboración**: aquí, como vemos en la imagen superior, viene predeterminado el acceso único para nosotros, pero podemos crear un enlace para compartir con cualquier persona, aunque no inicie sesión.

- **Descargar**: una de las más utilizadas y en la que podremos elegir el tipo de formato, si queremos que tenga fondo transparente, comprimirlo o las páginas que queremos que se descarguen. El tamaño, como detallamos a lo largo del libro, es un elemento muy importante, sobre todo si el diseño va a destinarse para impresión. Interesante también que podemos guardar nuestra preferencia de descarga y así no perder tiempo si necesitamos varios de las mismas características.

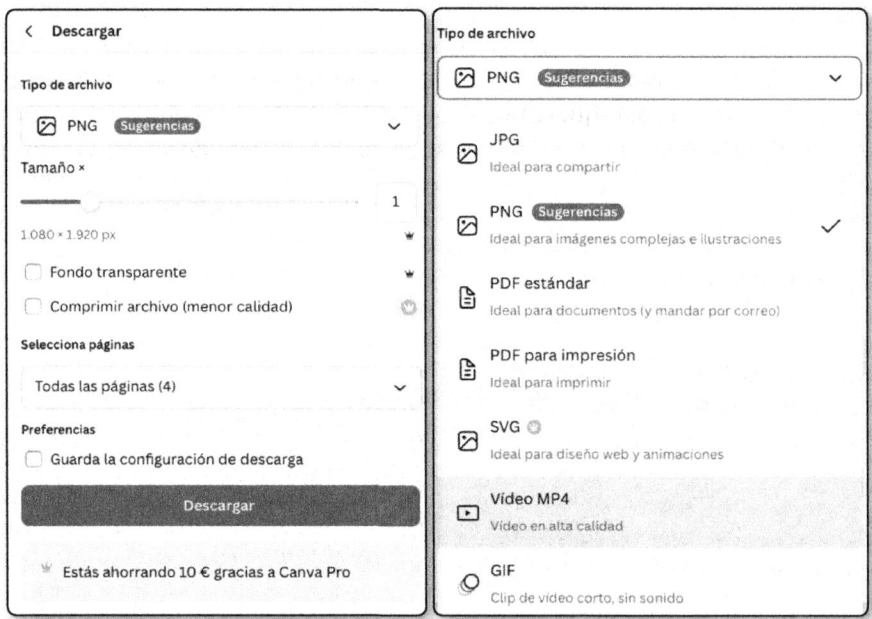

- **Compartir en redes sociales**: opción desarrollada en el capítulo de redes sociales. Básicamente, nos permite compartir nuestros diseños directamente en la red social que prefiramos, con opción a programar la publicación y así hacer nuestro trabajo más fácil.

▶ **Imprimir con Canva**: interesante para la gente que quiera disponer de sus productos en un formato que decida y que podemos ver en su catálogo. Tras elegir la opción que prefiramos, Canva nos avisará que abrirá una nueva página en la que veremos una previsualización de nuestro producto.

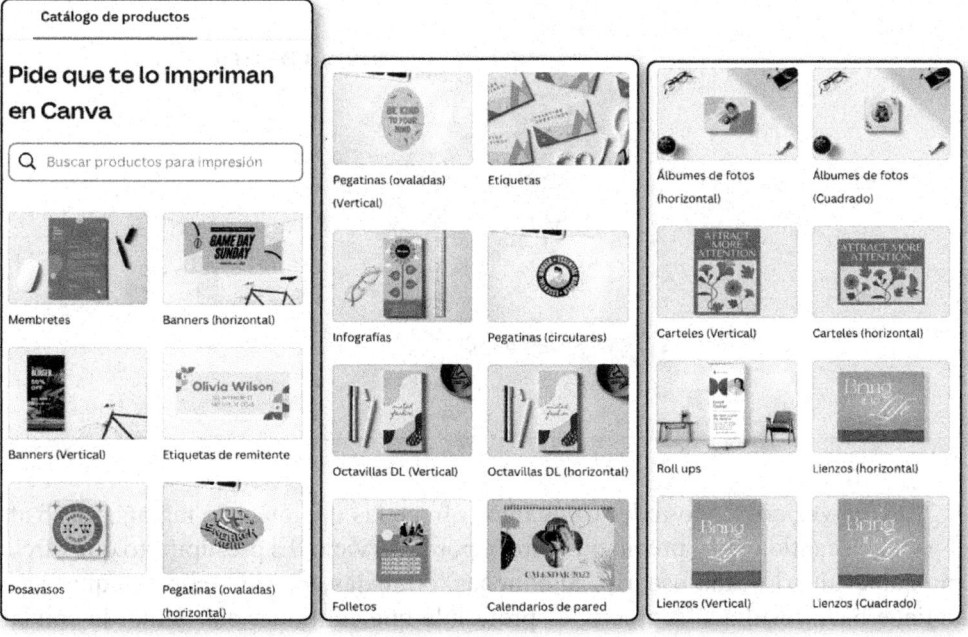

Vamos a ver un ejemplo. Seleccionamos el diseño y queremos que Canva nos imprima en el formato de pegatina circular. Nos lleva a una ventana nueva en la que observamos nuestro diseño. Es posible que no esté ajustado, por lo que tendremos que colocar los elementos en el orden que convenga. No tiene por qué ser de la misma forma ya que es diferente imprimir un producto de forma circular que vertical.

Una vez colocado todo, Canva nos ofrece las opciones de tamaño, acabado del papel, la cantidad y el precio que ofrece por el servicio. El presupuesto que ofrece tiene que evaluarlo cada usuario. Si conoces o trabajas con otra empresa que sabes que tiene buen resultado o precio, es preferible que continúes así. Si no, la calidad está garantizada, por lo que puedes probar el servicio y opinar.

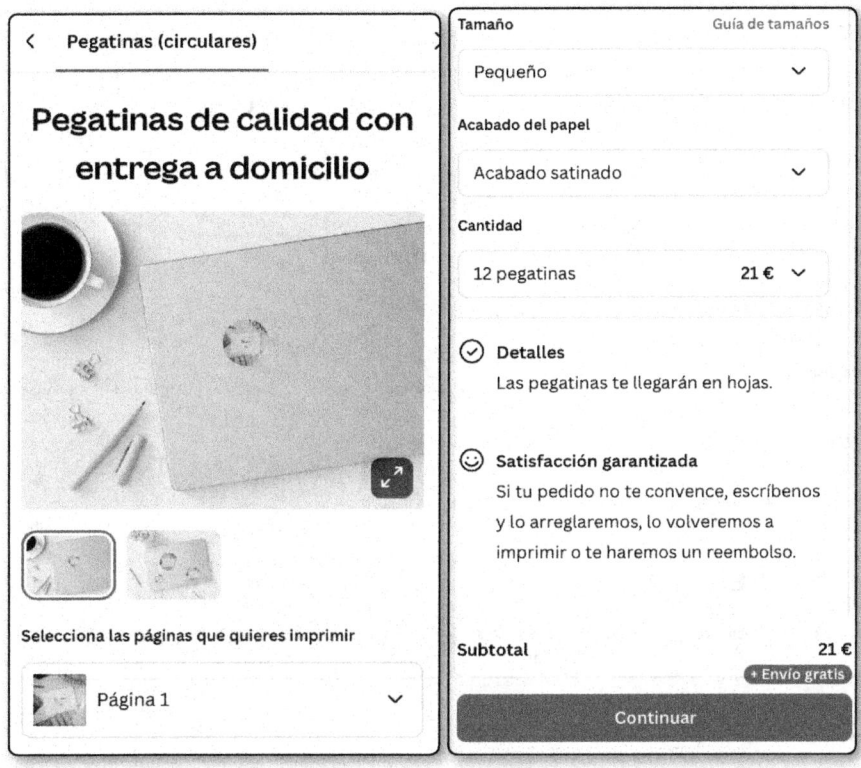

En la opción *Más* ..., podremos ver todas las posibilidades de compartir. Además de las nombradas, podremos ver multitud de opciones, algunas que seguramente no conocías.

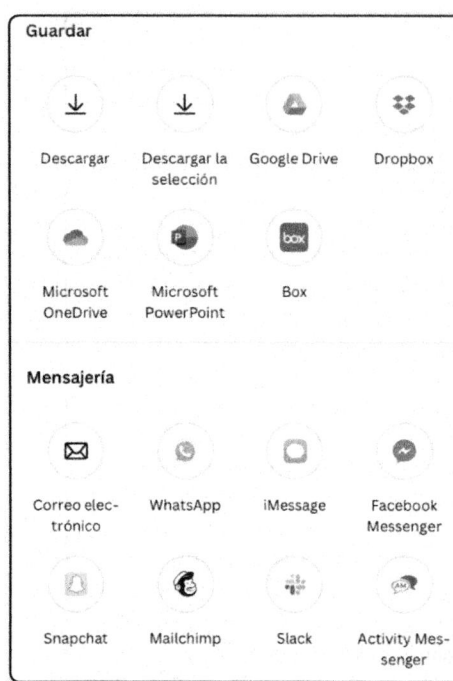

Guardar

- Descargar
- Descargar la selección
- Google Drive
- Dropbox
- Microsoft OneDrive
- Microsoft PowerPoint
- Box

Mensajería

- Correo electrónico
- WhatsApp
- iMessage
- Facebook Messenger
- Snapchat
- Mailchimp
- Slack
- Activity Messenger

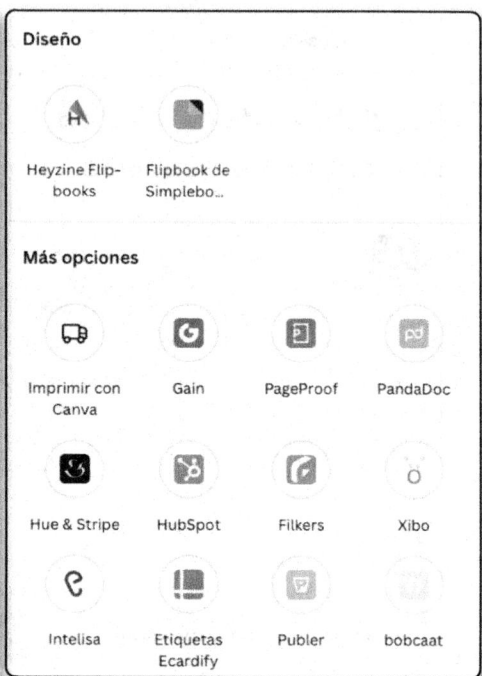

Diseño

- Heyzine Flipbooks
- Flipbook de Simplebo...

Más opciones

- Imprimir con Canva
- Gain
- PageProof
- PandaDoc
- Hue & Stripe
- HubSpot
- Filkers
- Xibo
- Intelisa
- Etiquetas Ecardify
- Publer
- bobcaat

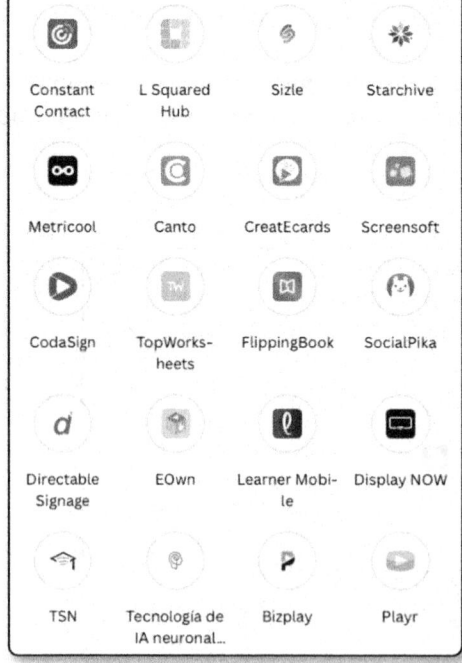

- Constant Contact
- L Squared Hub
- Sizle
- Starchive
- Metricool
- Canto
- CreatEcards
- Screensoft
- CodaSign
- TopWorksheets
- FlippingBook
- SocialPika
- Directable Signage
- EOwn
- Learner Mobile
- Display NOW
- TSN
- Tecnología de IA neuronal...
- Bizplay
- Playr

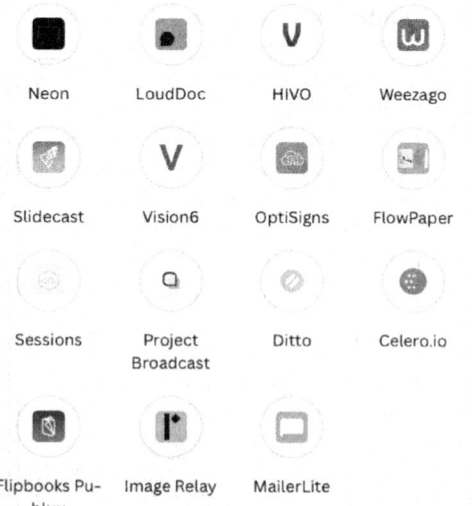

- Neon
- LoudDoc
- HIVO
- Weezago
- Slidecast
- Vision6
- OptiSigns
- FlowPaper
- Sessions
- Project Broadcast
- Ditto
- Celero.io
- Flipbooks Publuu
- Image Relay
- MailerLite

4

CANVA EN REDES SOCIALES

4.1 ¿POR QUÉ CANVA ES ÚTIL EN REDES SOCIALES?

Canva es útil para redes sociales debido a su interfaz intuitiva y sus herramientas accesibles, que facilitan la creación de diseños atractivos y profesionales sin necesidad de tener experiencia previa en diseño gráfico. Las principales características son:

▸ **Facilidad de uso**: Canva está diseñado para ser accesible a todos, independientemente de su nivel de habilidad en diseño. Su interfaz de arrastrar y soltar permite a los usuarios crear y personalizar gráficos de manera rápida y eficiente.

▸ **Variedad de plantillas**: da la opción de miles de plantillas prediseñadas específicas para cada tipo de red social como Instagram, Facebook, TikTok, Twitter, LinkedIn, Pinterest... Esto asegura que los diseños estén optimizados en tamaño y formato para cada plataforma.

▸ **Acceso a recursos**: proporciona acceso a una gran biblioteca de recursos gráficos, incluidos ilustraciones, fotos, vídeos, fuentes y elementos de diseño. Esto permite enriquecer las publicaciones sin necesidad de buscar recursos externos.

▸ **Colaboración**: Canva permite la colaboración en tiempo real, lo que es ideal para equipos de marketing y redes sociales que necesitan trabajar juntos en campañas y publicaciones. Los usuarios pueden compartir proyectos y recibir comentarios directamente en la plataforma.

Utilizar Canva para la gestión y creación de contenido en redes sociales ofrece numerosos beneficios que pueden mejorar la eficiencia y efectividad de las estrategias de marketing y publicidad en redes sociales.

▸ **Consistencia de marca**: permite a los usuarios crear y guardar plantillas de marca, asegurando que todos los materiales de redes sociales sean coherentes en términos de estilo, colores y tipografía. Esto fortalece la identidad de la marca y mejora el reconocimiento entre los seguidores. Es vital para cualquier marca que se la reconozca por un logo, imagen o tipografía. Coca-Cola o El Corte Inglés son buenos ejemplos.

▶ **Ahorro de tiempo**: la disponibilidad de plantillas prediseñadas y la facilidad de personalización ayudan a reducir el tiempo necesario para crear contenido visual atractivo. Se pueden reutilizar plantillas y adaptar rápidamente los diseños para diferentes campañas y publicaciones. Añadir una imagen distinta, un texto adaptado y otro elemento es tarea fácil.

▶ **Creatividad y variedad**: Canva fomenta la creatividad al proporcionar herramientas y recursos para experimentar con diferentes estilos y formatos. Ya no se quedarán en la típica imagen con texto, si no que crearán contenido más dinámico y personalizado.

▶ **Accesibilidad y flexibilidad**: Canva está disponible tanto en versión web como en aplicaciones móviles, lo que permite a los usuarios crear y editar contenido en cualquier momento y lugar. Esto es especialmente útil para gestionar contenido sobre la marcha y responder rápidamente a eventos y tendencias.

▶ **Kit de marca**: muy útil en este apartado ya que de forma rápida y sencilla podremos adaptar colores, temática o tipografía a los diseños con las características de la marca.

▸ **Colaboración mejorada**: funciones avanzadas de colaboración, incluida la posibilidad de asignar roles y permisos a diferentes miembros del equipo.

▸ **Almacenamiento ampliado**: mayor capacidad de almacenamiento en la nube para guardar todos los diseños y recursos necesarios.

4.2 CREACIÓN DE CONTENIDO VISUAL

Tipos de contenido visual

Canva permite la creación de diversos tipos de contenido visual adaptado a las especificaciones y formatos de cada red social.

Publicaciones para Instagram, Facebook, Twitter, LinkedIn y Pinterest

Cada red social tiene sus propias características y requisitos de formato. Canva ofrece plantillas y herramientas para crear contenido específico para cada plataforma, asegurando que los diseños sean atractivos y estén optimizados. Es muy importante usar los tamaños adecuados para dotar de mayor profesionalidad a nuestra publicación.

Instagram

- ▶ **Publicaciones**: Canva ofrece plantillas cuadradas (1080 x 1080 px) ideales para las publicaciones de Instagram. Los usuarios pueden crear imágenes, gráficos…

- ▶ **Historias**: plantillas verticales (1080x1920 px) para crear historias de Instagram. Estas plantillas permiten añadir animaciones, *stickers* y otros elementos interactivos. Además, jugando con las propias opciones de la red social, se pueden conseguir resultados muy interesantes.

- ▶ **Reels y vídeos**: herramientas para crear vídeos cortos y largos optimizados para Instagram Reels y IGTV.

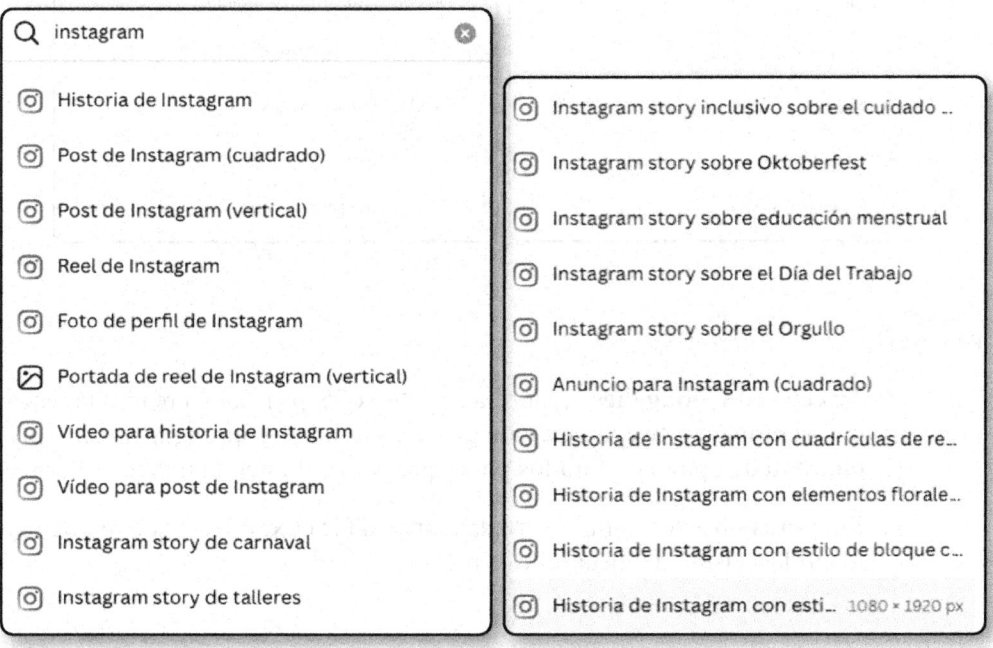

Facebook

▶ **Publicaciones**: cuenta con plantillas de diferentes tamaños para crear publicaciones visuales atractivas (1200x630 px para imágenes de enlace, 1080x1080 px para imágenes cuadradas).

▶ **Portadas y banners**: plantillas para diseñar portadas de perfil y eventos (820x312 px) que capturan la atención de los seguidores.

▶ **Anuncios**: Canva facilita la creación de anuncios de Facebook en varios formatos, optimizados para diferentes objetivos de marketing.

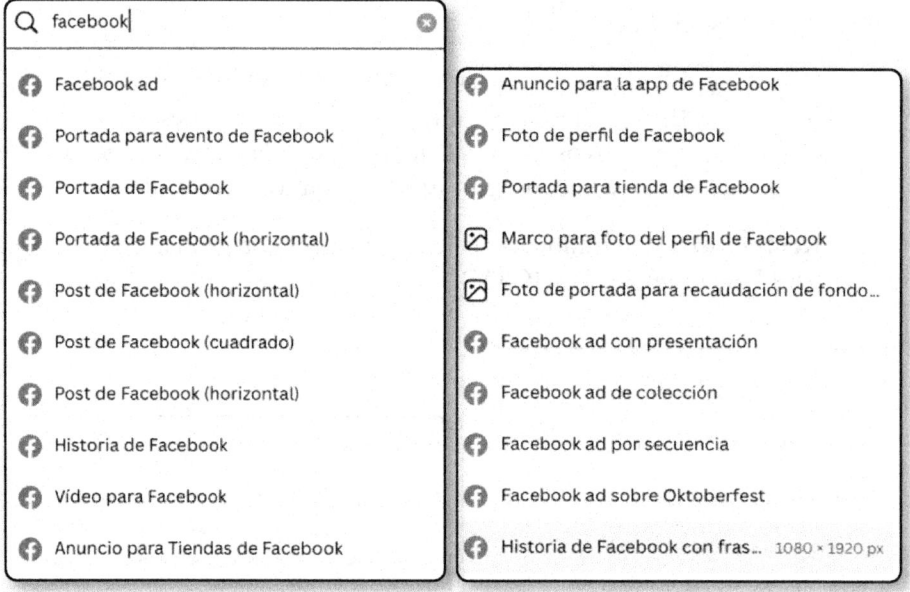

Twitter (X)

▶ **Tweets con imágenes**: plantillas (1200x675 px) para crear imágenes que acompañen tweets, mejorando la visibilidad y el *engagement*. Hay multitud de opciones para los posts que puedes ver en la imagen inferior.

▶ **Portadas**: diseños para la portada de perfil (1500x500 px) que reflejan la identidad visual del usuario o la marca.

LinkedIn

▶ **Publicaciones**: plantillas (1200x627 px) para crear contenido visual que conecte con profesionales y audiencias empresariales.

▶ **Portadas de perfil y páginas de empresa**: herramientas para diseñar portadas (1584x396 px) que refuercen la presencia profesional y de marca.

▶ **Currículums**: Canva también te ayuda a elaborar la mejor carta de presentación para ensalzar tu perfil profesional.

Pinterest

▶ **Pins**: plantillas optimizadas (1000x1500 px) para crear pins visualmente atractivos que impulsen el tráfico a sitios web y blogs.

▶ **Infografías**: Canva ofrece herramientas para diseñar infografías detalladas y llamativas, ideales para compartir en Pinterest.

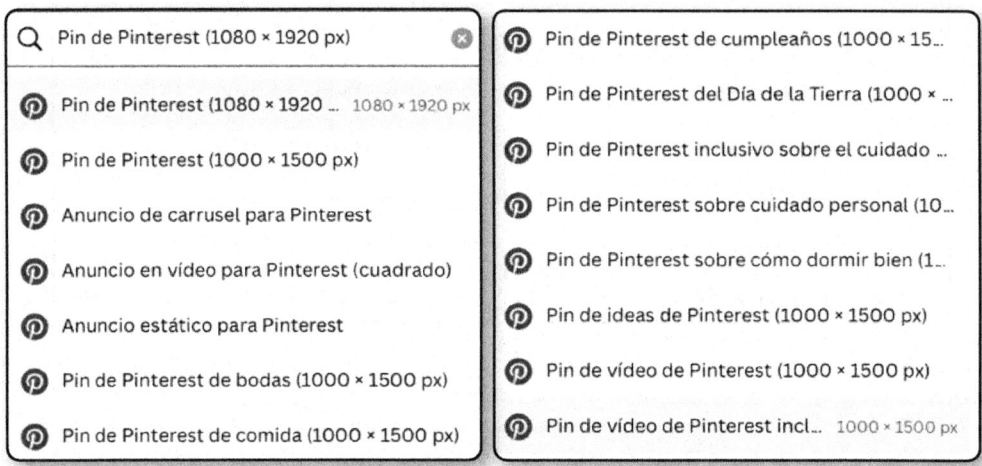

TikTok

Esta red tan popular desde la pandemia, también tiene opciones para los vídeos, fotos de perfil y las historias.

WhatsApp

Además de todas las opciones para tu foto de perfil, puedes crear con el tamaño preciso para tu estado.

4.3 HERRAMIENTAS DE EDICIÓN DE IMÁGENES

Canva proporciona una variedad de herramientas de edición que permiten personalizar y mejorar las imágenes:

- **Filtros y ajustes**: podemos aplicar filtros predefinidos y ajustar parámetros como brillo, contraste, saturación y demás para mejorar la calidad de las imágenes.

- **Recorte y redimensionamiento**: herramientas para recortar y redimensionar imágenes según las necesidades del diseño, asegurando que los elementos visuales encajen perfectamente en el proyecto.

▶ **Eliminación de fondo**: una función avanzada que permite eliminar el fondo de una imagen con un solo clic, dejando solo el sujeto principal. En cuanto la domines, que como hemos visto no tiene mucha dificultad, la usarás a menudo. En las dos imágenes que hemos puesto como ejemplo se ha usado esta técnica.

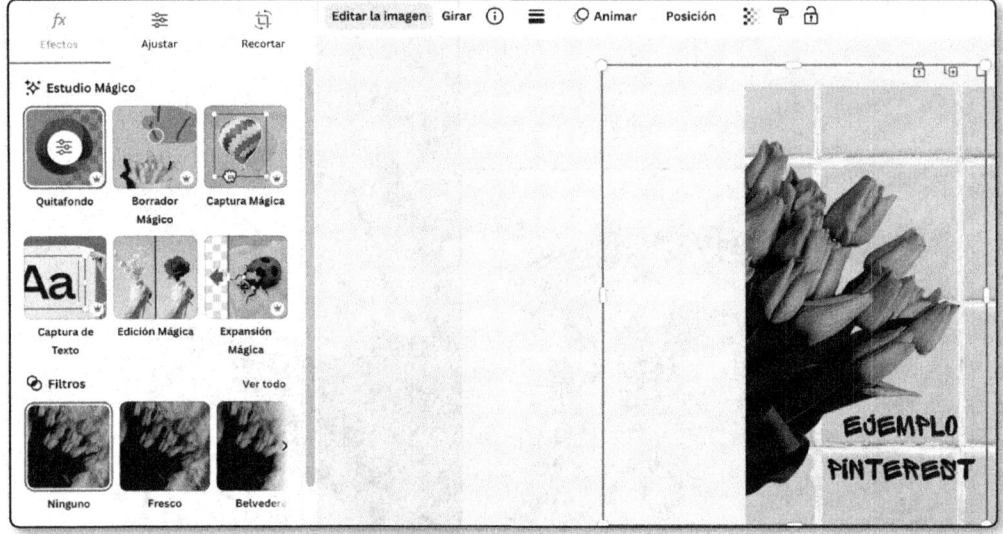

▶ **Efectos de imagen**: Canva ofrece efectos como desenfoque o viñeta para añadir un toque creativo a las imágenes.

Creación de vídeos y animaciones

Los vídeos y las animaciones son formas poderosas de captar la atención en redes sociales. Canva facilita la creación de contenido dinámico con las herramientas que hemos visto en el diseño de vídeos: transiciones y animaciones, línea de tiempo, plantillas o la inserción del audio.

▶ **Uso de plantillas y kits de marca:** para mantener la coherencia visual y ahorrar tiempo, Canva ofrece plantillas personalizables y kits de marca.

- **Programación de publicaciones:** Canva no solo permite crear contenido visual, sino también planificar y programar publicaciones:
- **Calendario de contenidos**: herramientas para planificar y visualizar la programación de contenido en redes sociales.

Programar publicaciones en Facebook, Pinterest y otros

Ahorra tiempo y mejora el flujo de trabajo con Planificador de Contenido: no necesitas descargar y volver a subir publicaciones en las redes sociales.

Si tienes **rol de administración** o eres **especialista en diseño de marcas** y tienes una cuenta de Canva Pro, Canva Equipos, Canva para Educación o Canva para ONG, puedes programar la publicación de tus diseños.

ⓘ Publicar en apps de redes sociales se desactiva automáticamente en Canva para Educación. Ponte en contacto con la persona con rol de administración para habilitar las publicaciones.

Programar publicaciones desde Planificador de Contenido

Ordenador   Móvil

1. En el menú lateral de la página de inicio de Canva, haz clic en ⠿ **Aplicaciones**.

2. Selecciona **Planificador de Contenido** 🗓.

3. Haz clic en el **icono más junto** + al momento en el que quieras programar la publicación.

4. Elige entre programar un diseño que ya tengas o crear uno nuevo.

5. **Programar diseños que ya tienes:** en **Diseños recientes**, selecciona el que quieres programar. Si no puedes verla, primero haz clic en 🗀 **Tus proyectos** para buscarla. Haz clic para seleccionarlo.

6. **Crear diseños para programar:** haz clic en + **Crear un diseño**. Selecciona el diseño que quieres crear o usa la barra de 🔍 búsqueda. Para programarlo, haz clic en ⬆ **Compartir** en el menú que hay encima del editor y selecciona 🗓 **Programar**. Si no encuentras esa opción, haz clic antes en ••• **Más**.

7. En la ventana Programar que hay junto a la fecha, haz clic en el ••• **icono** para cambiar la hora y la fecha, editar el diseño y otras opciones. La hora sigue tu zona horaria local.

8. Haz clic en **Selecciona un canal** y elige la cuenta de redes sociales en la que quieres programar la publicación. Si aún no has vinculado una cuenta, haz clic en **Conectar** e inicia sesión en la cuenta que quieres utilizar.

9. Si el diseño tiene varias páginas, selecciona las **páginas** que quieres publicar. La cantidad de páginas y el tamaño de exportación del diseño dependen de las limitaciones de las redes sociales. Consulta los límites a las exportaciones para las redes sociales para obtener más información.

10. Si quieres, escribe un pie de foto y después, haz clic en **Programar publicación**.

Programar publicaciones desde el editor de Canva

Ordenador   Móvil

1. En la esquina superior derecha del editor, haz clic en ⬆ **Compartir**. Si necesitas que lo aprueben (usuarios de Canva Equipos), primero obtén la aprobación.

2. De las opciones disponible, selecciona 🗓 **Programar**. Si no está disponible, primero haz clic en ••• **Más**.

3. En la ventana **Programar** que hay junto a la fecha, haz clic en el ••• **icono** para cambiar la hora y la fecha, editar el diseño y obtener más opciones. La hora sigue tu zona horaria local.

4. Haz clic en **Selecciona un canal** y elige la cuenta de redes sociales en la que quieres programar la publicación. Si aún no hay una cuenta conectada, haz clic en + **Seleccionar un canal**. Selecciona la plataforma que quieres usar e inicia sesión en la cuenta que quieres vincular.

5. Si el diseño tiene varias páginas, selecciona las **páginas** que quieres publicar. El número de páginas y el tamaño de exportación del diseño dependen de las limitaciones de las redes sociales. Consulta los límites a las exportaciones para las redes sociales para obtener más información.

6. Si quieres, escribe un pie de foto y después, haz clic en **Programar publicación**.

Importante: Si quieres programar posts de Instagram, selecciona **Programar o publicar desde el ordenador** para finalizar.

En este momento, solo puedes programar un diseño para un post para redes sociales.

¿Dónde programar publicaciones?

Es posible programar publicaciones en las siguientes apps de las redes sociales (y habrá más dentro de poco):

- Páginas de Facebook
- Cuenta de empresa de Instagram, consulta <u>Conectarse a Instagram para programar publicaciones</u> para obtener más detalles
- Twitter
- LinkedIn
- Pinterest
- Slack
- Tumblr

¿Puedo usar varias cuentas de redes sociales?

Sí. Puedes vincularlas a Canva cuando programas tus publicaciones.

En la ventana de programación, haz clic o pulsa en **+ Selecciona un canal** y elige la plataforma que quieras añadir. Inicia sesión en la cuenta que quieras usar para vincularla.

Por ahora, solo puedes programar un diseño en **una sola cuenta de redes sociales** y para **una sola publicación**.

4.4 INTEGRACIONES CON PLATAFORMAS DE RRSS

Integraciones con herramientas como Buffer, Hootsuite, y más, permitiendo programar publicaciones directamente desde Canva.

Publicación y programación de contenido en redes sociales

▸ **Publicar directamente desde Canva:** existe la posibilidad de publicar contenido directamente a diversas plataformas de redes sociales, lo que simplifica el trabajo y permite ahorrar tiempo al no tener que descargar y subir manualmente el contenido.

▸ **Vinculación de cuentas de redes sociales**: lo primero es vincular las cuentas de redes sociales a la plataforma. Esto se realiza desde el panel de configuración de Canva, donde los usuarios pueden conectar sus cuentas de Facebook, Instagram, Twitter, LinkedIn o Pinterest, entre otras.

▸ **Selección de la plataforma**: al finalizar un diseño, los usuarios pueden hacer clic en el botón de *Publicar* o *Compartir* y elegir la plataforma de red social en la que desean publicar su contenido. Canva ajusta automáticamente el formato de la publicación para que sea compatible con los requisitos de la plataforma seleccionada.

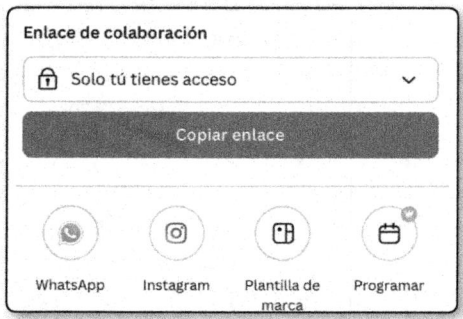

▶ **Configuración de la publicación**: los usuarios pueden añadir descripciones, *hashtags* y etiquetas antes de publicar. Canva permite previsualizar cómo se verá la publicación en la red social seleccionada, asegurando que todos los elementos estén correctamente alineados y optimizados.

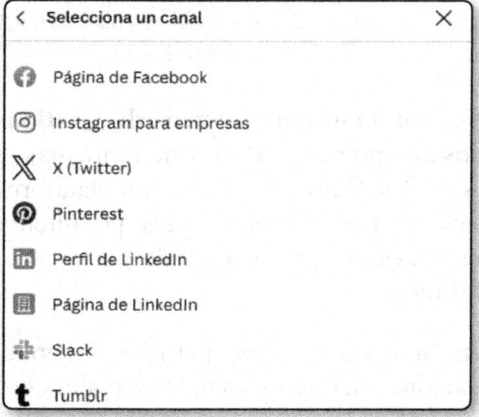

▶ **Programación de publicaciones**: la capacidad de programar publicaciones es crucial para gestionar de manera efectiva el contenido de redes sociales. Canva proporciona herramientas integradas y colaboraciones con otras plataformas para facilitar la programación de contenido.

▶ **Canva content planner**: Canva Pro y Enterprise ofrecen un planificador de contenido integrado, que permite a los usuarios programar publicaciones para una fecha y hora específicas. Este planificador muestra un calendario visual donde se pueden arrastrar y soltar los diseños para programar su publicación.

- **Integración con plataformas de gestión de redes sociales**: para usuarios que prefieren utilizar herramientas especializadas en gestión de redes sociales, Canva se integra con plataformas como Buffer, Hootsuite, y HubSpot. Estas integraciones permiten a los usuarios programar publicaciones directamente desde Canva a través de sus cuentas en estas plataformas.

- **Buffer**: integración que permite programar y gestionar múltiples publicaciones en diferentes redes sociales desde una interfaz centralizada.

- **Hootsuite**: herramienta robusta para la gestión de redes sociales que ofrece programación avanzada, análisis y colaboración en equipo.

- **HubSpot**: plataforma de marketing que incluye herramientas de gestión de redes sociales, ideal para integrar con otras campañas de marketing.

Colaboración en la creación y publicación de contenido

La colaboración es esencial para equipos de marketing y redes sociales. Canva proporciona varias características para facilitar la colaboración y coordinación entre los miembros del equipo.

- **Compartir proyectos**: los usuarios pueden compartir sus proyectos de diseño con otros miembros del equipo, permitiendo la edición colaborativa en tiempo real. Esto es útil para recibir *feedback* inmediato y hacer ajustes antes de publicar.
- **Asignación de tareas**: en las cuentas Pro y Enterprise, Canva permite asignar tareas específicas dentro de un proyecto, como la creación de contenido, revisión o aprobación, mejorando la gestión del flujo de trabajo.
- **Comentarios y anotaciones**: Canva permite dejar comentarios y anotaciones directamente en los diseños. Los colaboradores pueden señalar áreas específicas que necesitan cambios o hacer sugerencias, lo que facilita la comunicación y mejora la calidad del contenido final.

Análisis y mejora del rendimiento de las publicaciones

Después de publicar el contenido, es importante analizar su rendimiento para entender qué tipo de contenido resuena mejor con la audiencia y cómo se pueden mejorar futuras publicaciones.

- **Herramientas de análisis**: aunque Canva no ofrece análisis detallados dentro de su plataforma, la integración con herramientas de gestión de redes sociales como Buffer y Hootsuite permite acceder a informes y análisis de rendimiento. Estos informes pueden incluir métricas como alcance, *engagement*, clics y conversiones.
- **Optimización basada en datos**: utilizando los datos obtenidos de las herramientas de análisis, los usuarios pueden identificar patrones y tendencias. Por ejemplo, si las publicaciones con ciertos *hashtgas* o tipos de contenido tienen mejor rendimiento, se pueden ajustar futuras estrategias para maximizar el *engagement*.

4.5 ESTRATEGIAS DE MARKETING CON CANVA

Canva no solo nos ayuda a diseñar, también es un aliado estratégico para ejecutar y mejorar las campañas de marketing. ¿Cómo podemos aprovechar todo su poder?

Creación de identidad de marca

Desarrollar una identidad de marca fuerte y consistente es crucial para cualquier negocio. Canva facilita este proceso a través de varias funcionalidades:

▼ **Kit de marca**: como hemos visto, es muy sencillo de hacer y se puede personalizar en cualquier momento. Muy fácil para personalizar los diseños con tu marca.

Canva Pro y Enterprise permiten a los usuarios crear un Kit de marca, que incluye los colores, logotipos, fuentes y otros elementos gráficos específicos de la marca. Esto asegura que todos los materiales de marketing sean consistentes y reflejen la identidad visual de la marca.

▼ **Plantillas personalizables**: Canva ofrece una amplia gama de plantillas que se pueden personalizar para reflejar la identidad de la marca. Esto incluye tarjetas de visita, papelería, folletos, presentaciones y mucho más.

En el segundo ejemplo, es interesante a veces indagar en los filtros para que se vea mejor nuestro diseño. En el logotipo de Editorial Ra-Ma, hemos colocado un filtro con colores más claros para que resalte más. Si el logo de tu marca es muy predefinido y no admite cambios, puedes usar algún elemento y colocarlo detrás para que resalte.

➤ **Guías de marca**: puedes crear guías de estilo y manuales de marca que detallan cómo usar los elementos visuales de manera coherente. Estas guías pueden compartirse con diseñadores, agencias y otros colaboradores para asegurar la uniformidad en todas las comunicaciones de la marca.

Campañas de marketing digital

Pongamos algunos ejemplos que puedes usar para crear campañas potentes de marketing.

➤ **Anuncios en redes sociales**: Canva ofrece plantillas optimizadas para anuncios en Facebook, Instagram, LinkedIn y otras plataformas de redes sociales. Los usuarios pueden crear anuncios visualmente atractivos que capturen la atención y generen clics y visitas a la web.

➤ **Banners y gráficos para sitios web**: los usuarios pueden diseñar banners, *headers* y otros gráficos para sitios web que se alineen con las campañas de marketing actuales. Esto ayuda a mantener una experiencia visual coherente y atractiva para los visitantes del sitio.

▼ **Email marketing**: Canva también permite diseñar plantillas de email marketing que sean visualmente atractivas y coherentes con la identidad de la marca. Podemos crear *newsletters*, promociones y correos electrónicos personalizados que capten la atención de los suscriptores.

Contenido para blogs y publicaciones

El contenido visual mejora la calidad y el impacto de los blogs y publicaciones. Canva facilita la creación de gráficos y elementos visuales que complementan el contenido escrito.

▸ **Infografías**: las infografías son una excelente manera de presentar información compleja de manera visual y fácil de entender. Canva ofrece plantillas de infografías que los usuarios pueden personalizar para adaptarse a sus necesidades de contenido.

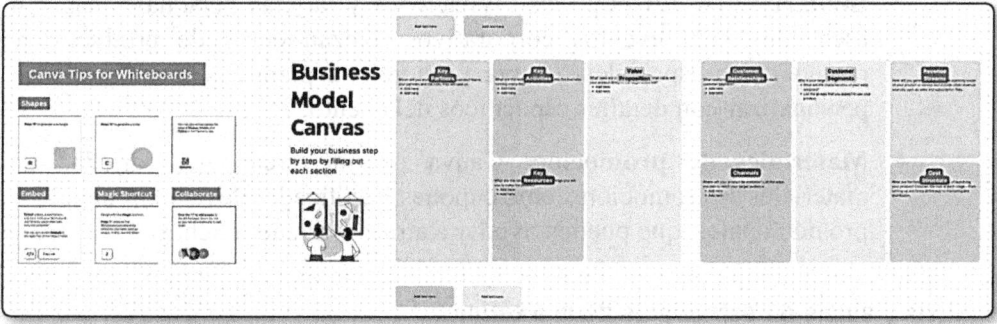

▸ **Imágenes de Blog**: los bloggers pueden crear imágenes destacadas, gráficos internos y otros elementos visuales que mejoren la apariencia y el atractivo de sus publicaciones. Esto no solo mejora la experiencia del lector, sino que también ayuda en el SEO y en la compatibilidad del contenido en redes sociales.

▸ **Presentaciones y Webinars**: Canva permite crear presentaciones profesionales que se pueden utilizar en *webinars* y otras formas de contenido educativo o promocional. Las presentaciones pueden incluir gráficos, animaciones y otros elementos interactivos para mantener a la audiencia comprometida.

Materiales para eventos y promociones

Los eventos y promociones requieren materiales visuales que atraigan a la audiencia y comuniquen de manera efectiva los detalles del evento o promoción. Canva facilita la creación de estos materiales con sus herramientas y plantillas.

▸ **Pósters y flyers**: Canva ofrece plantillas para crear pósters y flyers que pueden imprimirse o compartirse digitalmente. Los usuarios pueden diseñar materiales llamativos para eventos, ventas, lanzamientos de productos y más.

▸ **Invitaciones y tarjetas**: las invitaciones y tarjetas personalizadas son esenciales para eventos corporativos, lanzamientos de productos y promociones especiales. Canva proporciona plantillas que se pueden personalizar con detalles específicos del evento.

▸ **Materiales de promoción**: Canva permite crear una variedad de materiales de promoción, como cupones, certificados de regalo y anuncios promocionales, que pueden ayudar a atraer y retener clientes.

Análisis y ajuste de estrategias de marketing

Después de ejecutar campañas de marketing, es crucial analizar su rendimiento y ajustar las estrategias según los resultados obtenidos. Aunque Canva no proporciona herramientas analíticas directas, su integración con otras plataformas permite a los usuarios obtener datos valiosos.

▸ **Integración con herramientas analíticas**: se puede integrar con herramientas de gestión y análisis de marketing como Google Analytics, Insights y otras plataformas. Esto permite a los usuarios obtener datos sobre el rendimiento de sus materiales de marketing y ajustar sus estrategias en consecuencia.

▸ **Optimización continua**: basándose en los datos analíticos, los usuarios pueden realizar ajustes en sus diseños y estrategias de marketing para mejorar continuamente el impacto y la efectividad de sus campañas.

Canva se destaca como una herramienta integral para la creación y ejecución de estrategias de marketing visual. Desde la creación de una identidad de marca sólida hasta la ejecución de campañas digitales y la creación de contenido para blogs y eventos, Canva ofrece las herramientas y plantillas necesarias para que los profesionales del marketing puedan diseñar y distribuir materiales visuales de alta calidad. Además, su capacidad de integración con otras herramientas de análisis y gestión de marketing permite a los usuarios optimizar sus esfuerzos y mejorar continuamente sus resultados.

5

PLANTILLAS, GRÁFICOS Y DEMÁS

5.1 ELABORACIÓN Y ELECCIÓN DE PLANTILLAS EN CANVA

Canva ofrece una gran variedad de plantillas que facilitan la creación de cualquier tipo de diseño, desde carteles y presentaciones hasta currículums y publicaciones en redes sociales. La elección de la plantilla adecuada y su personalización son fundamentales para asegurarse de que tu diseño sea atractivo y efectivo. Es muy fácil usarlas, solo tendrás que decantarte por la adecuada.

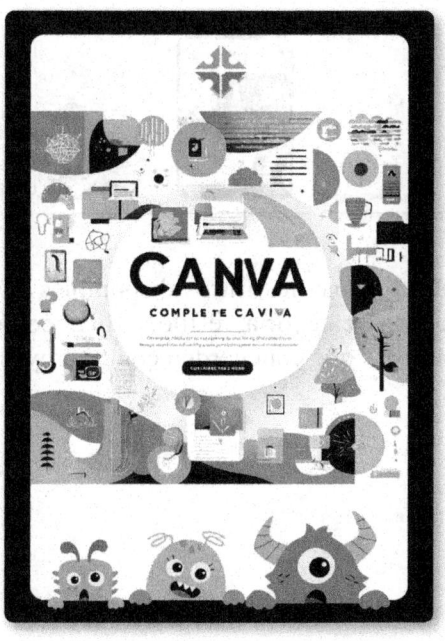

- En la página principal de Canva, utiliza la barra de búsqueda para encontrar plantillas específicas.
- Puedes buscar por tipo de proyecto, como "Cartel", "Presentación", "Currículum", "Post de Instagram…"

- **Filtrar resultados**: usa los filtros disponibles para definir tu búsqueda. Puedes filtrar por categoría, estilo, tema, color... Esto te ayudará a encontrar plantillas que concuerden con tu proyecto.

Ejemplos de plantillas y su elección

Ejemplo 1: plantillas de cartel

- **Plantilla de cartel de venta**: ideal para promociones de ventas y eventos de marketing. Incluye espacio para imágenes de productos, detalles de la oferta y llamada de atención.

- **Plantilla de cartel de evento**: pensadas para anunciar eventos como conciertos, conferencias y todo lo que puedas imaginar. Proporciona un diseño llamativo con espacio para la fecha, ubicación y detalles del evento.

Ejemplo 2: plantillas de presentación

▼ **Plantilla de presentación corporativa**: perfectas para informes de negocios, reuniones de equipo y presentaciones a clientes. Vienen con diapositivas con gráficos, tablas, y espacio para texto.

▼ **Plantilla de presentación educativa**: diseñadas para lecciones y seminarios. Incluyen diapositivas temáticas, espacio para apuntes y gráficos educativos.

Ejemplo 3: plantillas de currículum

▶ **Plantilla de currículum minimalista**: ideales para profesionales que buscan un diseño limpio y moderno. Incluyen secciones para experiencia laboral, educación, habilidades y contacto.

▶ **Plantilla de currículum creativo**: perfectas para creativos como diseñadores y artistas. Ofrecen un diseño colorido y espacios para mostrar trabajos y portafolios.

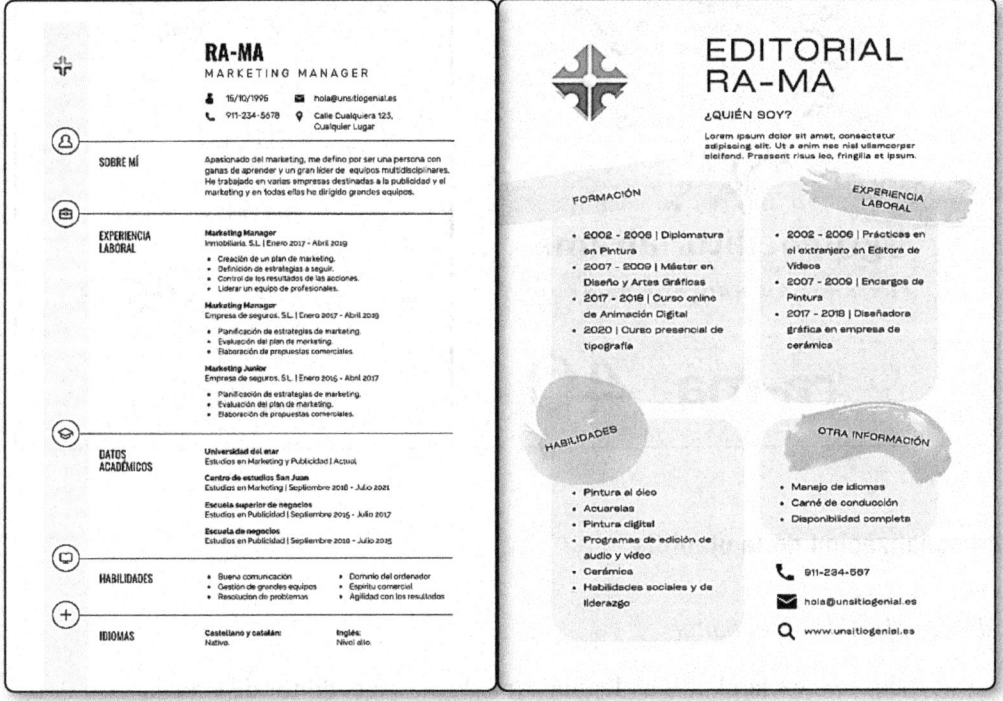

Ejemplo 4: plantillas de redes sociales

▶ **Plantilla de post de Instagram**: diseñadas para crear *posts* visualmente atractivos. Incluyen espacios para imágenes y texto corto.

▶ **Plantilla de historia de Instagram**: sirven para compartir anuncios temporales. Ofrecen un diseño vertical con espacio para imágenes y texto.

Personalización de la plantilla

Abrir la plantilla en el editor

Haz *clic* en la plantilla elegida para abrirla en el editor de Canva.

Modificar el texto

Haz *clic* en los cuadros de texto prediseñados y reemplázalos con tu propio contenido. Ajusta el tamaño, la fuente y el color del texto según sea necesario.

Cambiar imágenes

Puedes subir tus propias imágenes o seleccionar imágenes de la biblioteca de Canva. Arrastra y suelta las imágenes en los marcos prediseñados de la plantilla.

Ajustar colores y fuentes

Modifica los colores de fondo, elementos gráficos y texto para alinearlos con la identidad de tu marca. Cambia las fuentes para que se adapten al estilo y tono de tu diseño.

Añadir elementos adicionales

Usa la barra lateral para añadir elementos adicionales como iconos, ilustraciones y gráficos. Personaliza estos elementos ajustando sus colores y tamaños.

Revisión y ajustes finales

Revisar el diseño

- Asegúrate de que toda la información sea precisa y que el diseño sea coherente y visualmente atractivo.
- Verifica la ortografía y gramática de todo el contenido textual.

Ajustar la estructura

- Asegúrate de que todos los elementos estén alineados correctamente.
- Usa espacios estratégicamente colocados para mejorar la legibilidad y el impacto visual. Una buena imagen no tiene porqué estar sobrecargada de elementos. Es mejor que se entienda y esté claro el mensaje.

Consejos y mejoras prácticas

▶ **Consistencia visual**: mantén la coherencia en el uso de colores, fuentes y estilos gráficos en todos tus diseños para que se alineen con la identidad de tu marca.

▶ **Simplicidad y claridad**: evita sobrecargar tus diseños con demasiada información o elementos visuales. La simplicidad ayuda a transmitir el mensaje de manera clara y efectiva.

▶ **Personalización**: aunque las plantillas son un excelente punto de partida, asegúrate de personalizarlas para que reflejen tu estilo y necesidades específicas.

5.2 CÓMO CREAR GRÁFICOS EN CANVA

Crear gráficos en Canva es algo intuitivo y que nos permite lograr resultados visuales impactantes y profesionales para una gran variedad de proyectos, desde presentaciones y reportes hasta publicaciones en redes sociales. Lo primero es crear un diseño, eligiendo la opción que mejor se adapte (presentación, infografía, *post* de redes sociales…). Puedes elegir entre una gran variedad de plantillas prediseñadas o hacer tu lienzo desde cero, eligiendo un tamaño personalizado.

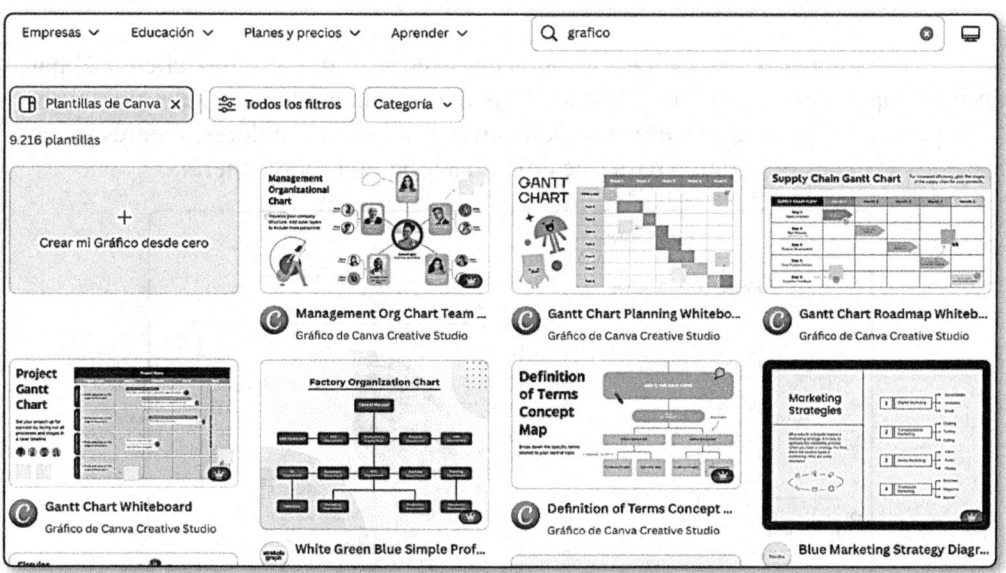

Tras añadir el texto o imágenes que deseemos, al igual que usar el kit de marca para personalizarlo, añadiremos los gráficos.

Usar la herramienta de gráficos

Haz clic en *Elementos* en el menú lateral izquierdo y desplázate hasta encontrar la sección de *Gráfico* y selecciona el tipo de gráfico que deseas crear (barras, líneas, pastel…).

Personalizar el gráfico: después de insertar el gráfico, haz clic en él para abrir las opciones de edición. Introduce tus datos manualmente o sube un archivo CSV para que Canva lo procese automáticamente. Ajusta los colores, fuentes y otros aspectos visuales del gráfico para que coincidan con el diseño general.

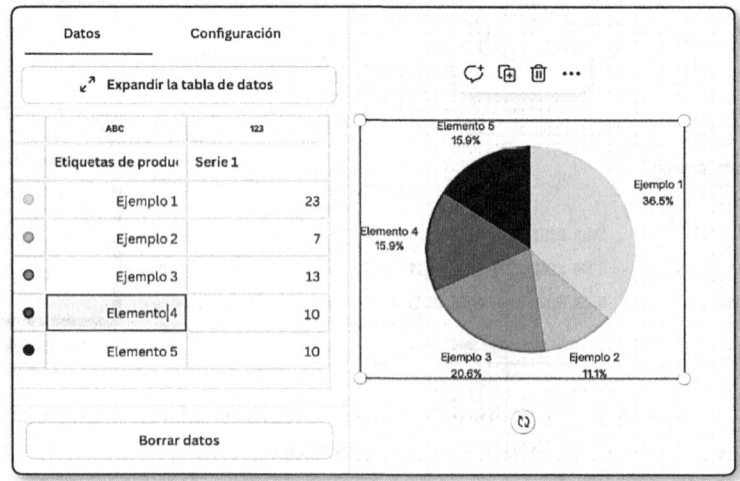

Añadir imágenes y elementos visuales

Insertar imágenes y elementos: se pueden añadir imágenes en la biblioteca de Canva o subir las tuyas propias desde tu dispositivo. Lo mismo ocurre con el resto de los elementos.

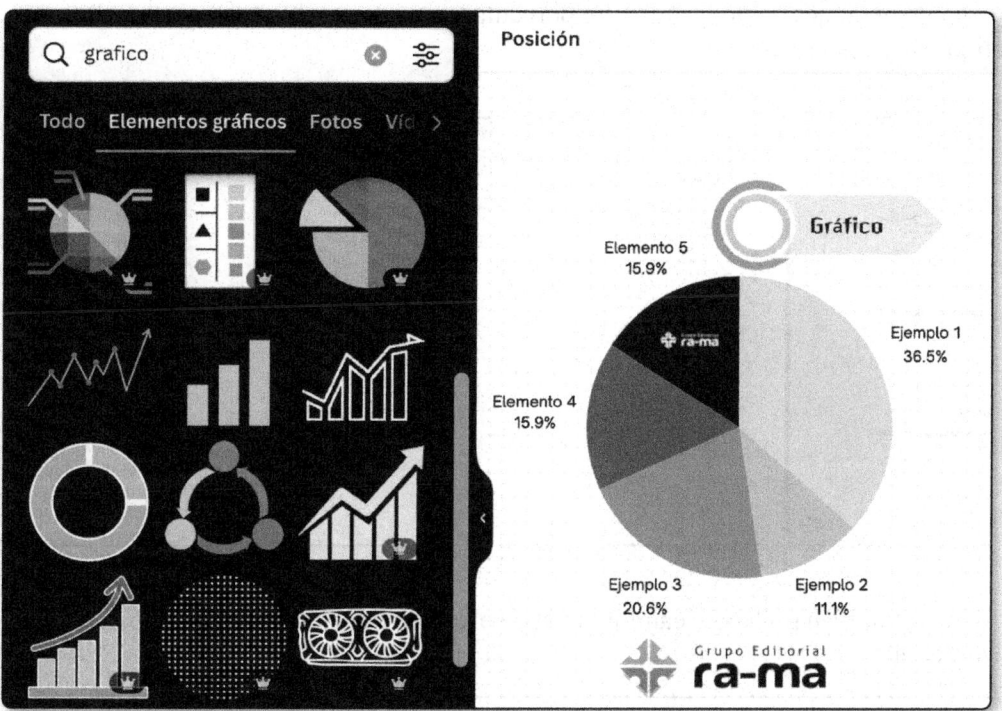

Estilizar y personalizar

Aplicar estilos de texto

Selecciona cada cuadro de texto y aplica diferentes estilos tipográficos, como sombras, bordes y efectos de texto disponibles en Canva. Asegúrate de mantener una jerarquía tipográfica clara para mejorar la legibilidad y la estética del gráfico.

Dependiendo del fin del gráfico, puedes usar un toque más elegante y serio o más desenfadado. Valora bien para lo que es y elige con sabiduría.

Datos

A la hora de tratar los datos que componen el gráfico, tenemos diversas opciones. Además de trabajar con Google Sheets, las hojas de cálculo de Google, y subir nuestros propios archivos, veamos las opciones que nos permite Canva. Si expandimos la tabla de datos, podremos trabajar de manera más fácil y clara, teniendo opciones como elegir entre porcentaje y número además de personalizar las etiquetas y los valores.

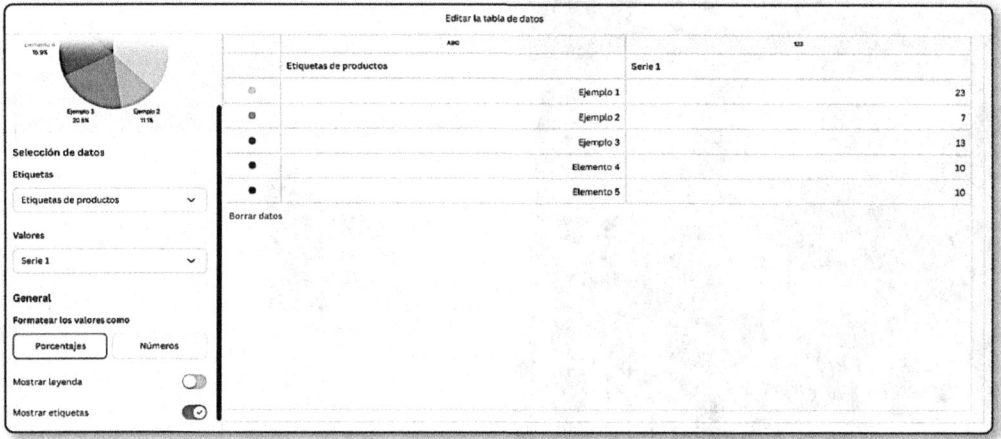

También podemos cambiar nuestra elección del gráfico en la opción superior izquierda.

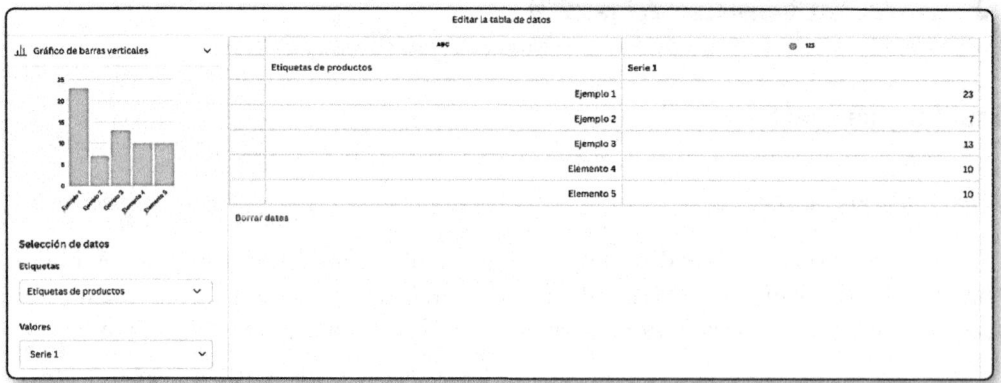

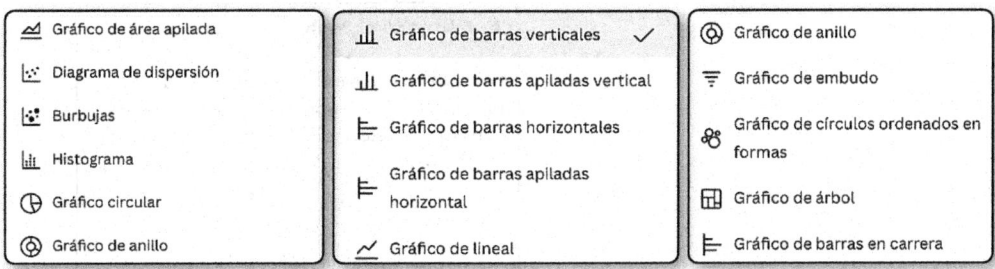

En *Configuración*, podrás seleccionar los datos y las diferentes opciones para mostrar las leyendas, etiquetas y líneas de cuadrícula, así como intercambiar filas y columnas.

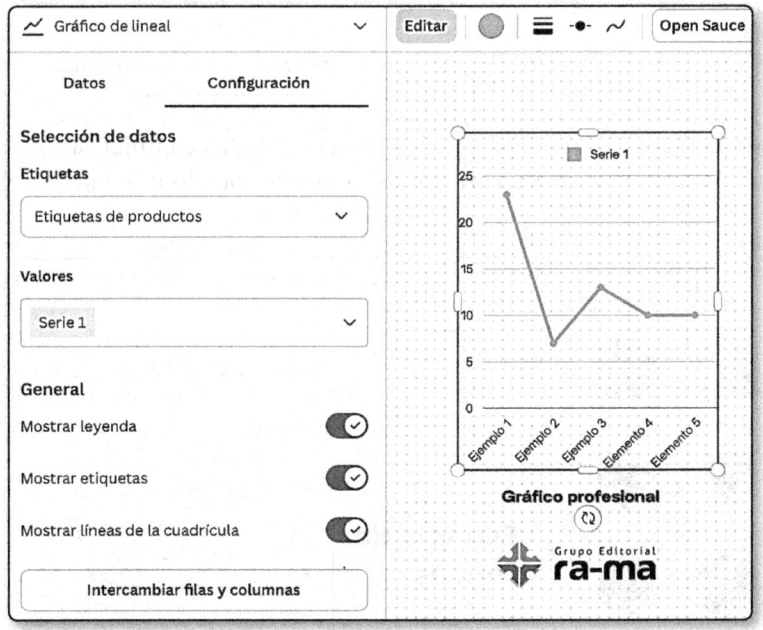

Añadir interactividad (Opcional)

Paso 1: enlaces interactivos

Si planeas compartir tu gráfico digitalmente, puedes añadir enlaces interactivos a diferentes partes del gráfico. Selecciona un elemento, haz clic en el icono de enlace en la barra de herramientas superior y añade la URL deseada.

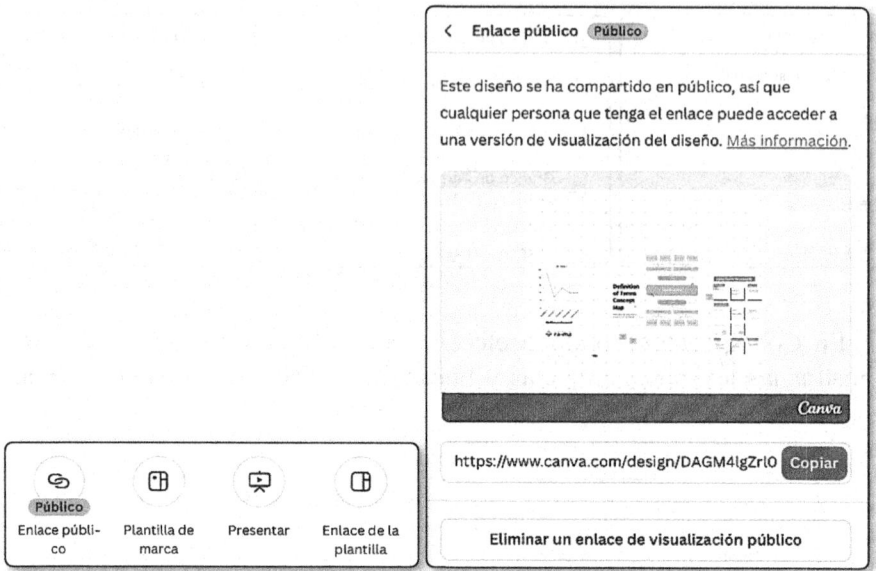

Otro elemento importante son las formas. Puedes cambiar la forma de cada opción desde la opción *Forma*. Hay varias opciones, por lo que puedes elegir algo diferente.

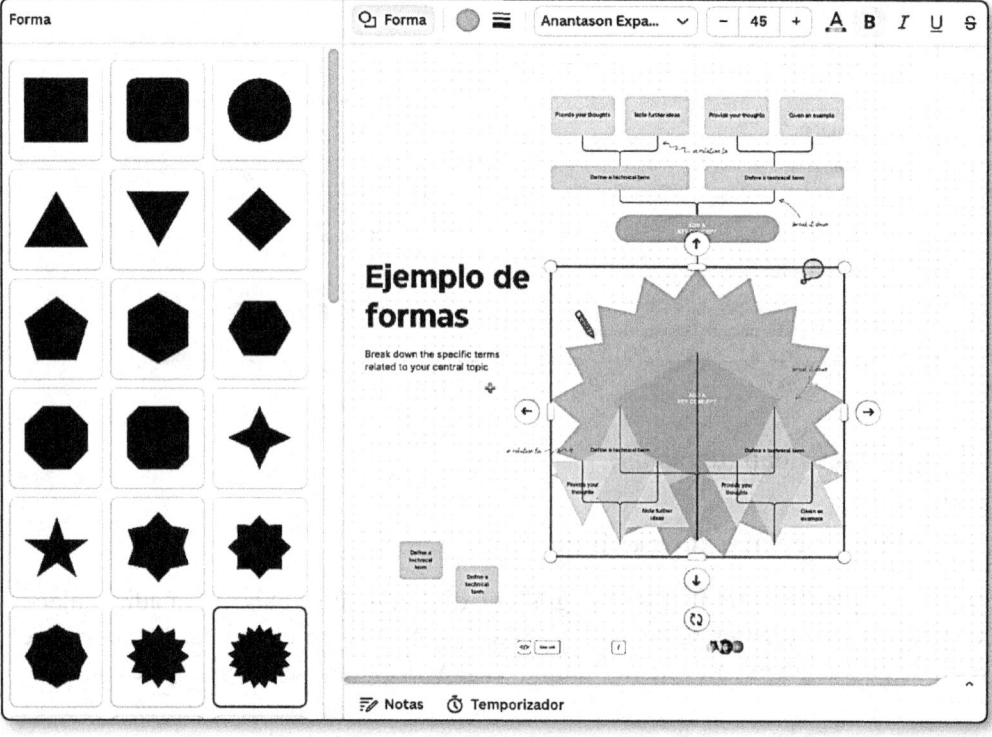

Aunque puedas tener tentación de innovar y elegir elementos y opciones con el objetivo de ser diferencial, recuerda estos consejos:

- ▶ **Consistencia visual**: mantén la consistencia en el uso de colores, fuentes y estilos gráficos para asegurar que tu diseño sea profesional y fácil de entender.

- ▶ **Legibilidad**: asegúrate de que el texto sea legible, evitando colores de fondo que dificulten la lectura y usando tamaños de fuente adecuados.

- ▶ **Simplicidad**: no sobrecargues tu gráfico con demasiada información o elementos visuales. La simplicidad ayuda a transmitir el mensaje de manera clara y efectiva.

- ▶ **Prueba y ajuste**: antes de finalizar, revisa tu gráfico para asegurarte de que todos los elementos están correctamente alineados y que el diseño cumple con el propósito deseado. Ajusta según sea necesario.

5.3 PRESENTACIÓN CON DISEÑO

Lo que siempre se ha conocido como Power Point, es muy fácil de realizar en Canva. Puedes crear tu diseño desde cero o usar una de las múltiples plantillas que nos ofrece. Puedes usar todas las opciones o elegir para cambiar los elementos que prefieres personalizar.

Una vez elegida nuestra plantilla, podremos decidir si usar todas las páginas y personalizarla a nuestro antojo. Aquí ya depende de tus preferencias, pero puede ser una buena ayuda para crear tus diapositivas.

5.4 TRADUCTOR

Canva también te permite traducir textos a cualquier idioma. Usando la IA como bandera, podrás poner el texto de tu diseño en el idioma que prefieras. Es muy sencillo, ya que es la misma ventana que redimensionar.

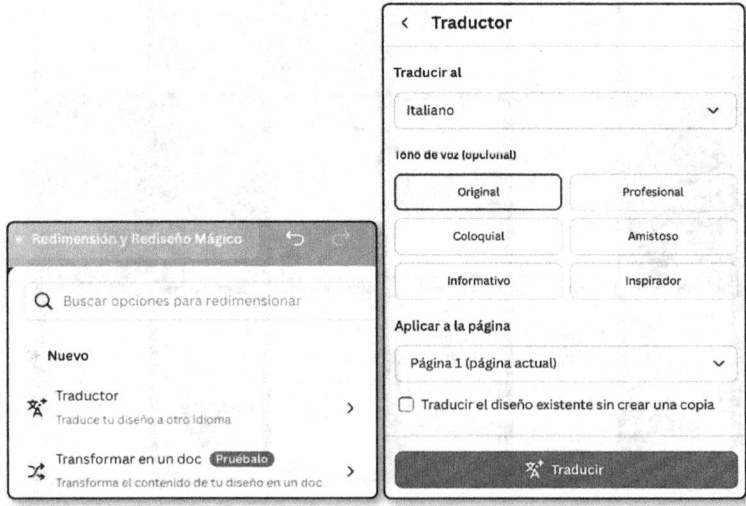

Además de elegir el idioma, nos dará la opción del tono en qué queremos realizar la traducción y las páginas a las que queremos que se realice la acción. En el ejemplo que ponemos, vamos a traducir el texto a italiano.

6

IA

6.1 INTELIGENCIA ARTIFICIAL EN CANVA

Canva ha integrado varias herramientas y funciones de inteligencia artificial (IA) para facilitar el proceso de diseño y mejorar la experiencia de sus usuarios. Aunque muchas de ellas las hemos visto en apartados anteriores, vamos a recoger las principales y ver sus puntos positivos.

Escritura mágica (Magic Write)

El Generador Mágico de Texto utiliza IA para ayudar a los usuarios a generar contenido escrito de forma rápida. Esto puede ser útil para crear descripciones, titulares, publicaciones en redes sociales…

Características:

▶ **Generación de contenido:** permite a los usuarios introducir un tema o una frase clave y recibir textos generados automáticamente.

▶ **Personalización:** los usuarios pueden ajustar el tono y el estilo del texto para que se ajuste a sus necesidades específicas.

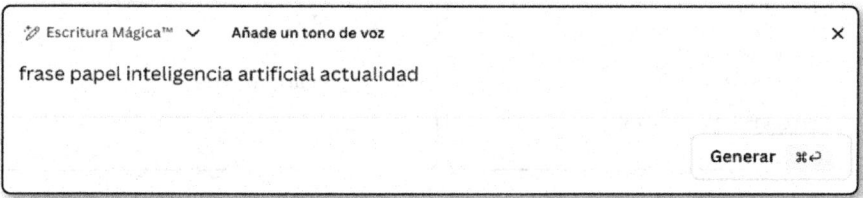

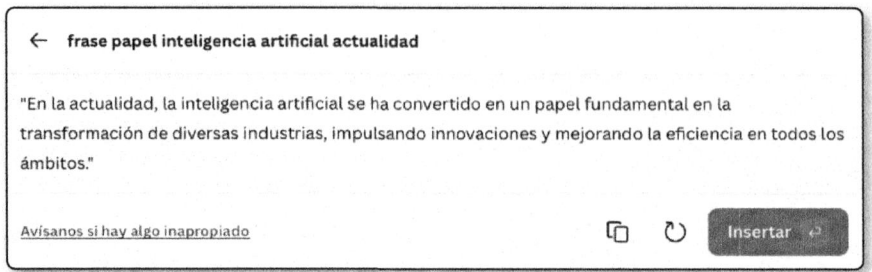

Redimensión y rediseño mágico

Herramienta impulsada por IA que permite a los usuarios redimensionar sus diseños automáticamente para diferentes plataformas y formatos sin perder la calidad del diseño original.

Características:

▸ **Automatización del redimensionamiento:** redimensiona de forma automática los diseños para adaptarse a diferentes tamaños de redes sociales, presentaciones, documentos, y más.

▸ **Ajustes personalizados:** los usuarios pueden seleccionar los tamaños específicos que necesitan y Canva ajusta el diseño en consecuencia.

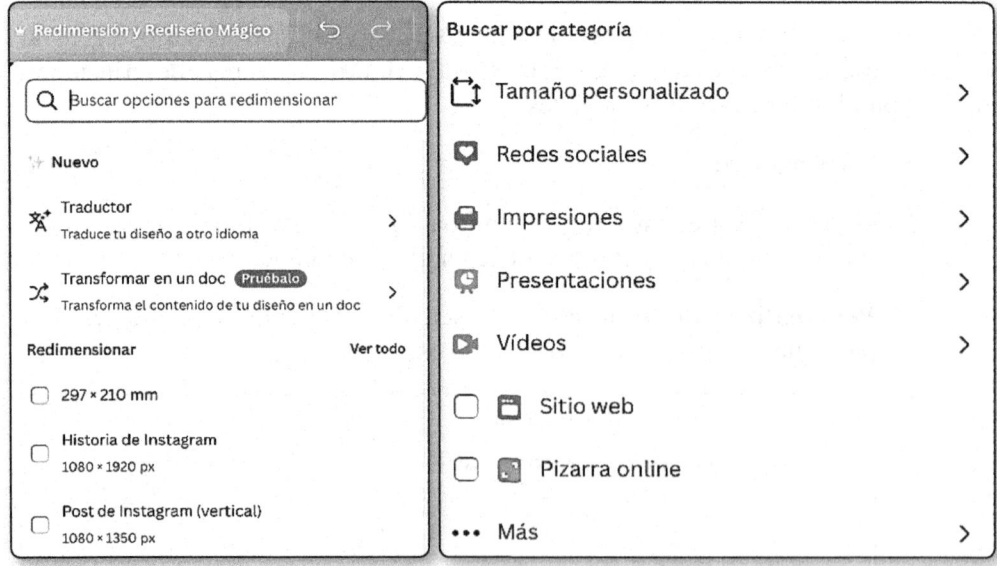

Muy útil para contenido en redes sociales o aprovechar el diseño si lo necesitas para una presentación o imprimirlo. Muy interesantes también son las dos opciones que nos aparecen en el apartado Nuevo, en la parte superior.

El **traductor**, como hemos visto anteriormente, nos ayuda a cambiar nuestro texto en el idioma que elijamos. Pudiendo elegir incluso el tono en el que queremos que se traduzca, funciona de manera rápida y puede sacarnos de más de un aprieto.

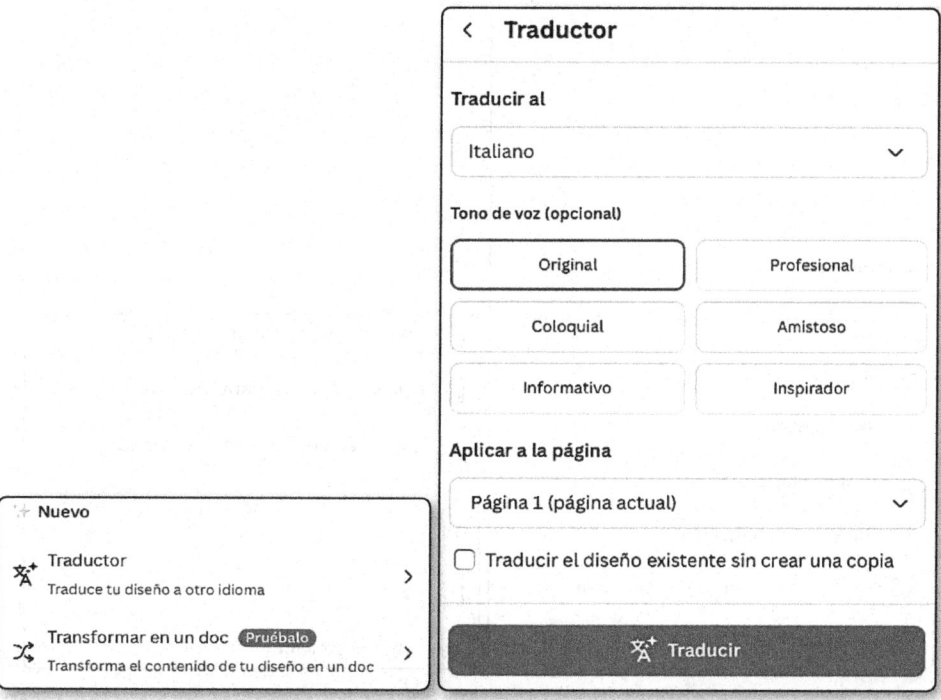

Transformar en un Doc tiene sus cosas curiosas. Además de las opciones que podemos usar en el día a día como una publicación en LinkedIn, también tiene la opción de transformar nuestro proyecto en un poema o en la letra de una canción. Si bien es verdad que genera a partir de una idea principal y el resultado no sea lo que imaginábamos, está bien para tener diferentes opciones.

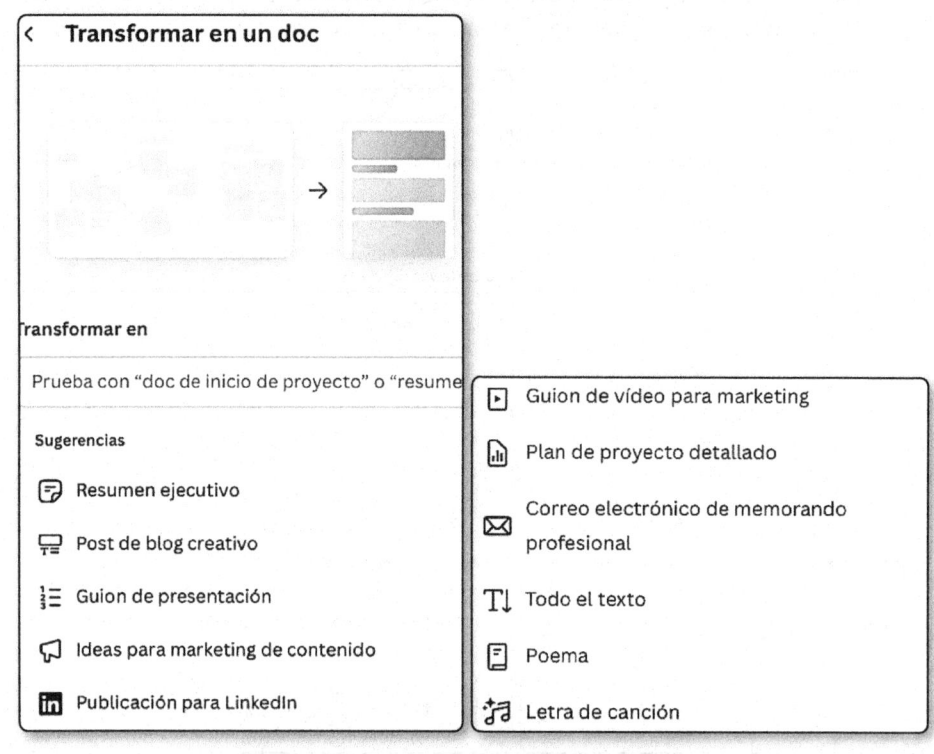

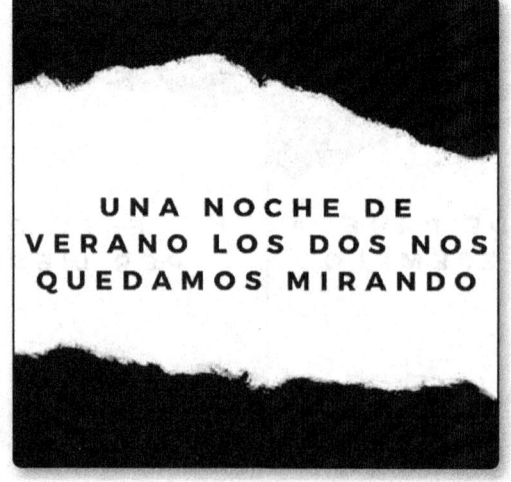

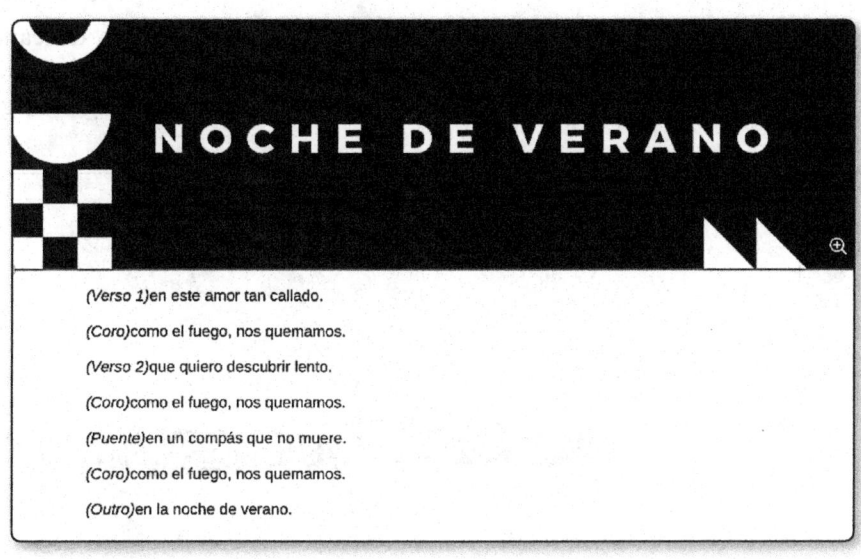

Quitafondo

Vista y muy usada en varios ejemplos del libro. Con un solo *clic*, podremos eliminar el fondo de una imagen. Sin duda, de las opciones que más usaras y también de las más efectivas.

Características:

▹ **Precisión:** utiliza algoritmos avanzados para identificar y eliminar el fondo con precisión.

▹ **Facilidad de uso:** simplifica la edición de imágenes para usuarios sin experiencia en diseño gráfico.

Además, puedes entrar en *sus opciones,* en las que además de cambiar el tamaño del pincel por si quieres hacer la selección manual, podrás restaurar la totalidad o parte del fondo. Si aún tienes dudas. Se puede mostrar la imagen original.

Multimedia mágico

Situado en el último lugar de la barra izquierda, esta herramienta permite a los usuarios generar imágenes a partir de descripciones de texto utilizando tecnología de IA. Además de añadirle el texto que tú elijas, puedes dejar inspirarte y que decida un tema por ti. Además, puedes cambiar el estilo y la relación de aspecto.

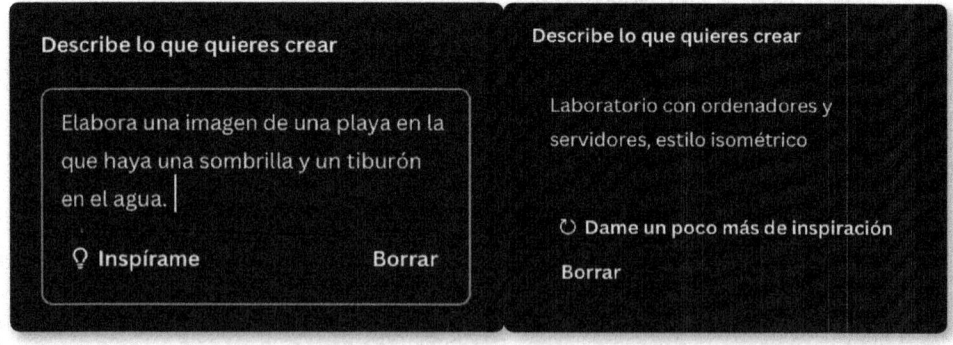

Veamos el ejemplo que hemos puesto: "Elabora una imagen de una playa en la que haya una sombrilla y un tiburón en el agua".

Nos salen cuatro imágenes creadas, pudiendo seleccionar la que mejor se adapte a lo que buscamos. Si no estás contento con el resultado, algo que ocurrirá a menudo, puedes volver a generar otras cuatro imágenes.

Características:

▸ **Generación de imágenes:** los usuarios pueden escribir una descripción y Canva generará una imagen que coincida con esa descripción.

▸ **Creatividad:** permite la creación de imágenes únicas y personalizadas sin necesidad de tener habilidades de diseño.

Diseño mágico

Podemos coger una imagen y usar esta herramienta de IA para hacer cambios en nuestro diseño. Muy útil para cuando no sabemos hacer bien un cambio.

Características:

▸ **Optimización del diseño:** ajusta automáticamente la disposición de los elementos para crear un diseño equilibrado y estéticamente agradable.

▸ **Ahorro de tiempo:** reduce el tiempo necesario para ajustar manualmente los elementos en un diseño.

Probemos a cambiar el color al tiburón del ejemplo anterior.

Mockups

Permite generar maquetas realistas de diseños en diferentes contextos, como camisetas, dispositivos electrónicos y todo lo que pensemos como tazas o bolsos. Además de un diseño nuevo, podemos modificar uno existente. Esta opción viene muy bien por ejemplo para una tienda de camisetas o artículos personalizados que necesitan estampar diferentes modelos.

Características:

▸ **Integración perfecta:** los usuarios pueden cargar sus diseños directamente en maquetas realistas sin salir de Canva.

▸ **Personalización:** permite ajustar el ángulo y la posición del diseño en la maqueta.

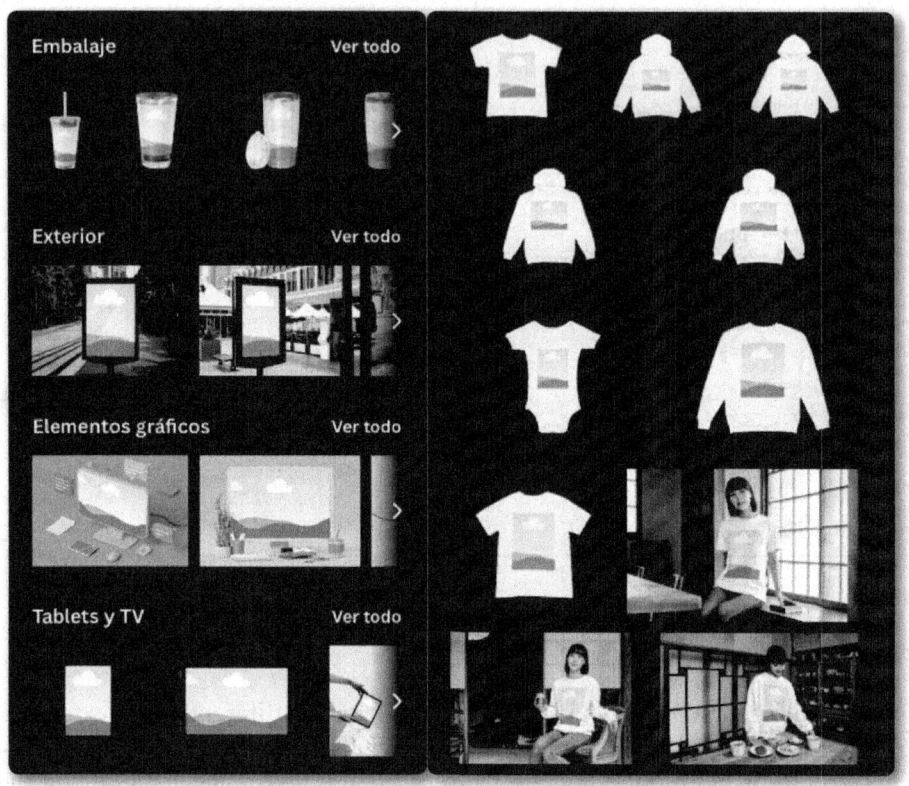

Elegimos el diseño y…

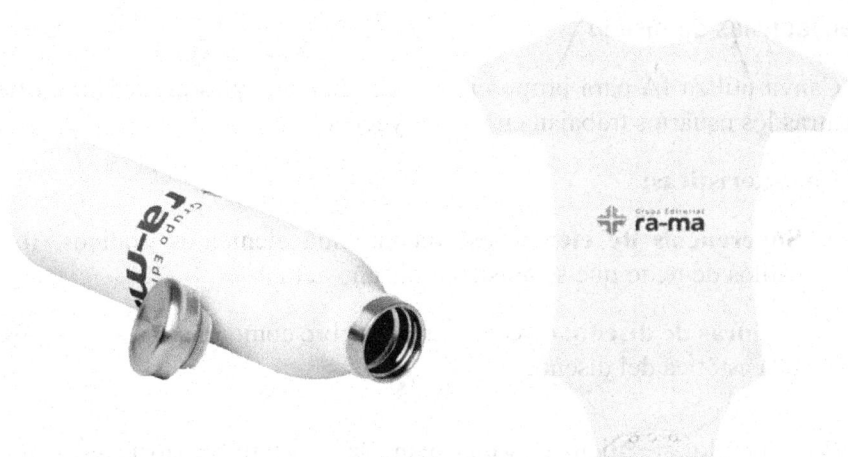

Al seleccionar la imagen añadida, puedes aumentarla, ajustarla, que haga recorte inteligente, así como cambiar la alineación, giro y el color. Y volver a separar la imagen.

Recomendaciones de diseño

Canva utiliza IA para proporcionar recomendaciones de diseño en tiempo real mientras los usuarios trabajan en sus proyectos.

Características:

▼ **Sugerencias de elementos:** recomienda elementos gráficos, fotos, y estilos de texto que se ajusten al diseño actual.

▼ **Mejoras de diseño:** ofrece consejos sobre cómo mejorar la composición y la estética del diseño.

Por ejemplo, si solicitamos una plantilla sobre fútbol aparecen resultados como los siguientes:

Filtros y ajustes automáticos

Las herramientas de filtros y ajustes automáticos de Canva utilizan IA para mejorar la calidad de las imágenes con un solo clic.

Características:

▼ **Ajustes automáticos:** ajusta automáticamente el brillo, contraste, saturación y otros parámetros para mejorar la calidad de la imagen.

▶ **Filtros inteligentes:** aplica filtros que mejoran la apariencia de la imagen de acuerdo con su contenido.

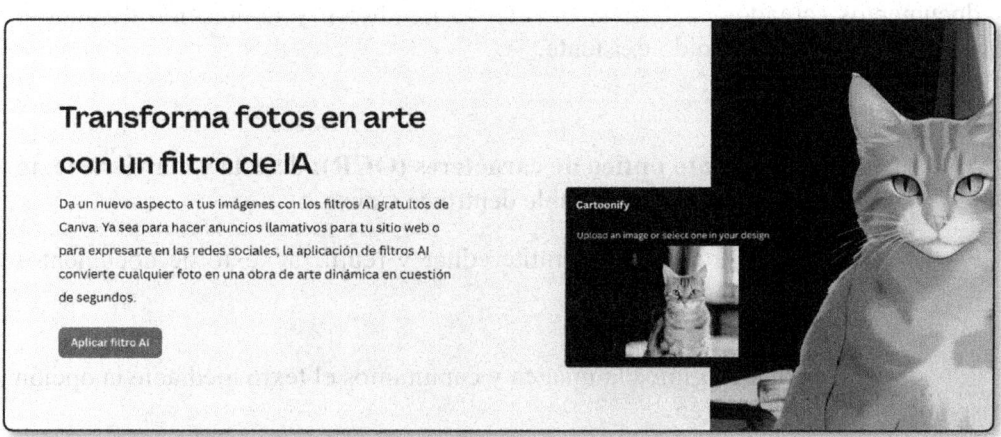

Tomando la misma foto, podemos obtener resultados como estos:

Detección de texto

Esta función permite detectar automáticamente el texto en las imágenes y documentos cargados en Canva, facilitando la edición y la creación de nuevos diseños basados en contenido existente.

Características:

▸ **Reconocimiento óptico de caracteres (OCR):** detecta y convierte texto en imágenes en texto editable dentro de Canva.

▸ **Facilidad de edición:** permite editar y reutilizar texto de documentos escaneados y fotografías.

Simplemente, elegimos la imagen y capturamos el texto mediante la opción disponible en Editar imagen.

Generador de paletas de colores

El generador de paletas de colores utiliza IA para sugerir combinaciones de colores que se complementan bien entre sí, basadas en las imágenes o los elementos del diseño.

Características:

▸ **Sugerencias de color:** ofrece paletas de colores armoniosas que mejoran la estética del diseño.

▸ **Personalización:** permite ajustar las paletas de colores sugeridas según las preferencias del usuario.

Naturaleza

01. Fresco y Brillante

05. Azules Fríos

6.2 AGENTE CHATGPT

Una de las múltiples funciones que podemos encontrar en ChatGPT son los agentes de aplicaciones. Simplemente, son multitud de programas que podemos añadir a nuestra cuenta de ChatGPT para usarla directamente desde el programa de OpenAI. Como no podía ser de otra forma, una de ellas es Canva.

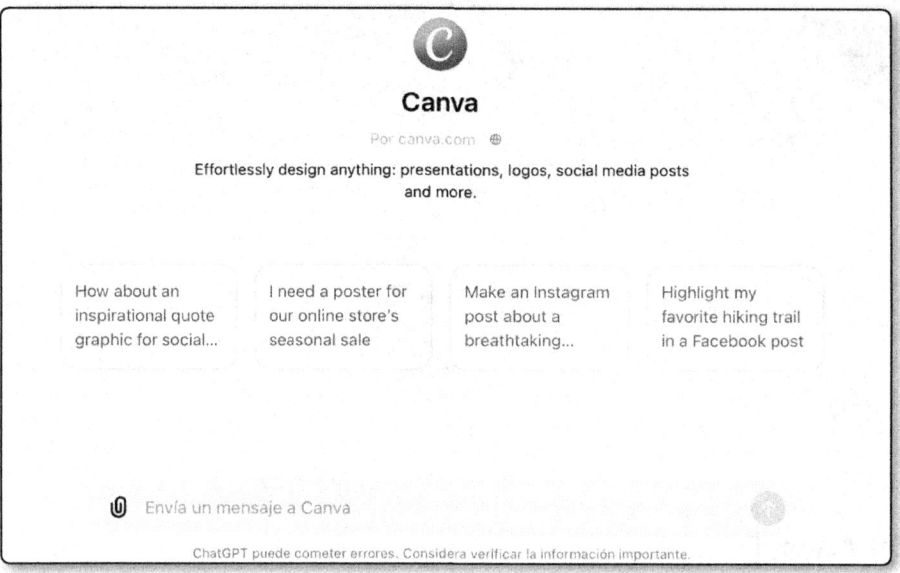

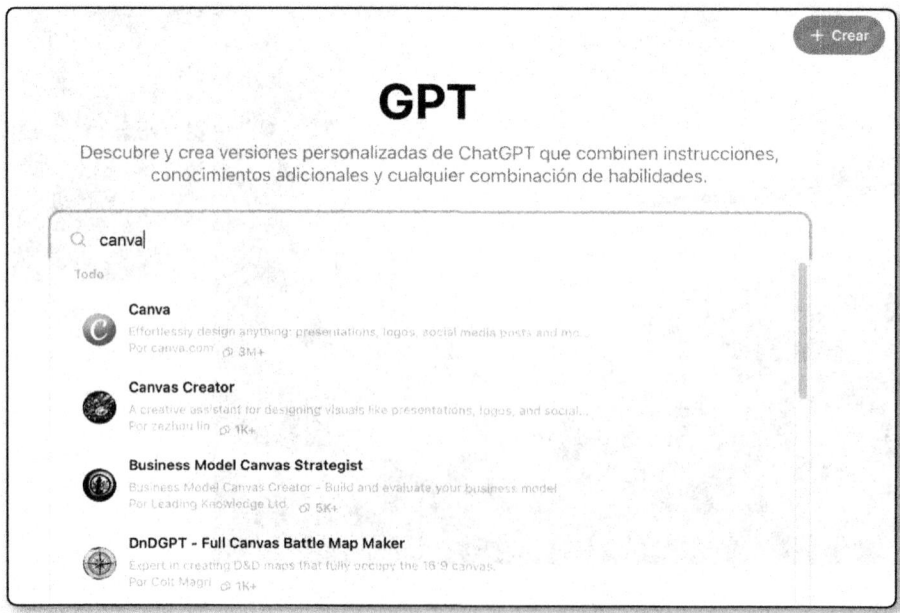

Una vez la descarguemos podemos usarla directamente en nuestro panel de ChatGPT.

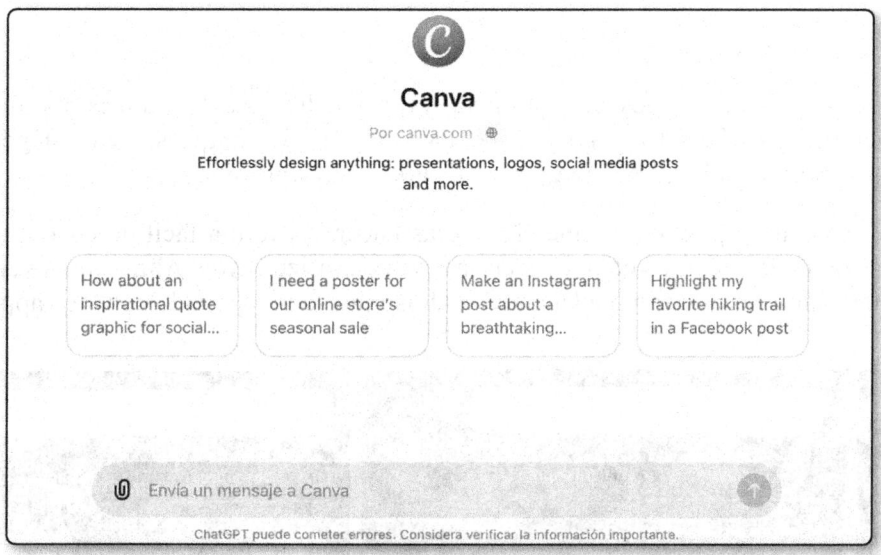

Ahora, solo te falta pedirle qué es lo que quieres. Aunque es una tecnología por mejorar, ya que los resultados no suelen ser en la mayoría de las ocasiones los que buscamos. Y, a día de hoy, se recomienda poner la información en inglés. En el ejemplo vamos a escribir "dogs and cats in the city".

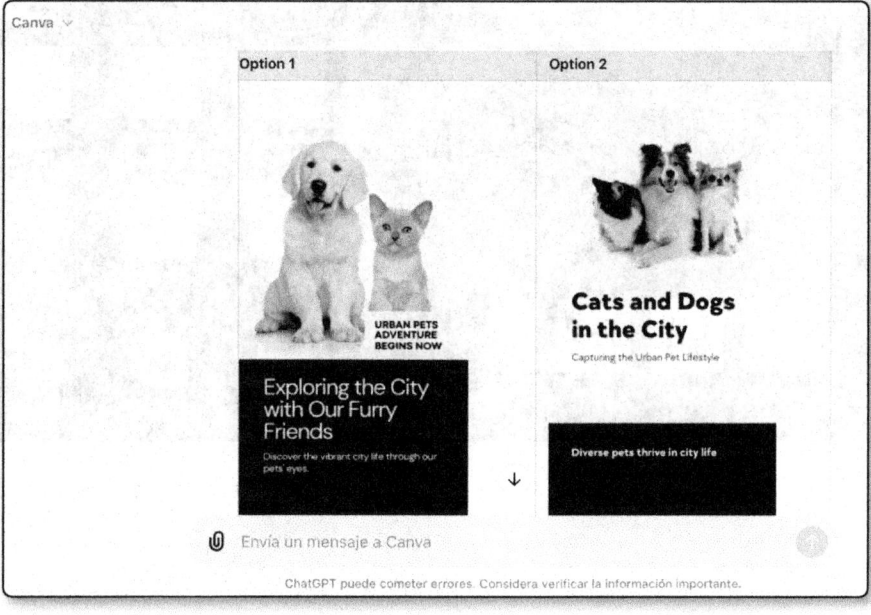

6.3 APPS

Apps

Una de las opciones más completas y que puedes descubrir con calma son las aplicaciones que ofrece Canva para hacer casi todo lo que imagines: crear imágenes, vídeos, crear contenido directamente en Youtube o PowerPoint...

Casi todo lo que imagines lo podrás hacer. La forma fácil de encontrarlo, además de en el menú principal, es en la barra de la izquierda. Ahí, podrás ver las recomendadas, las que son tendencia y tendrás incluso un apartado con "tus apps".

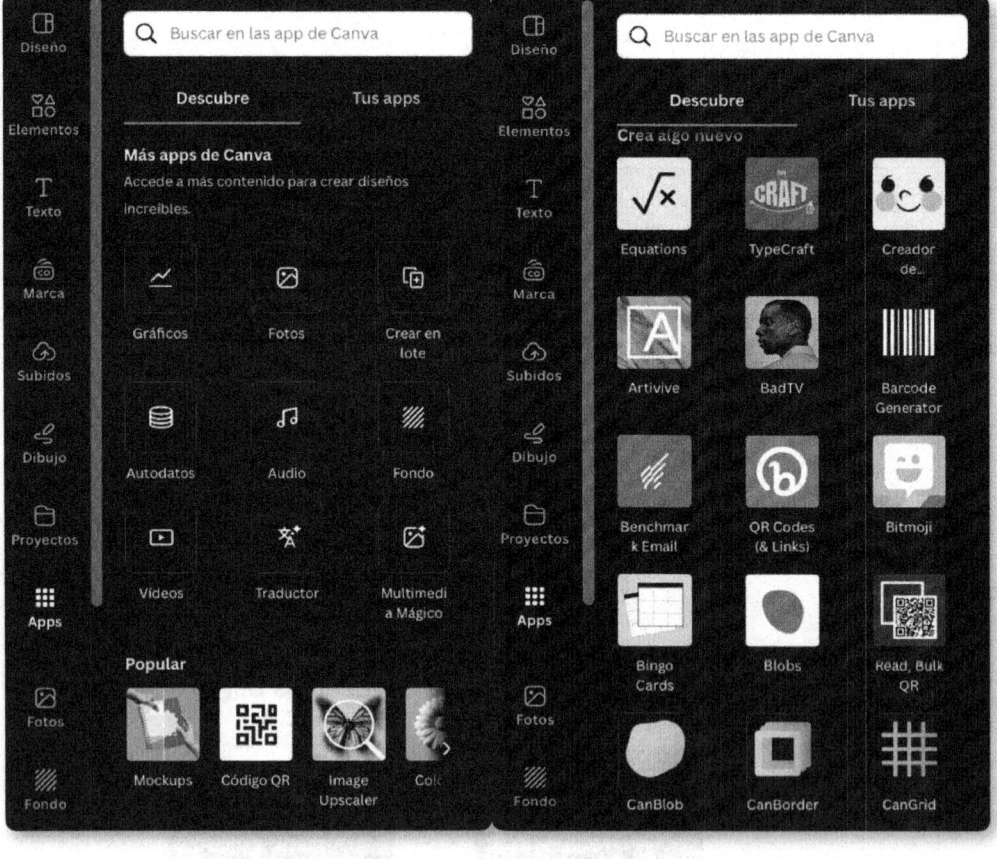

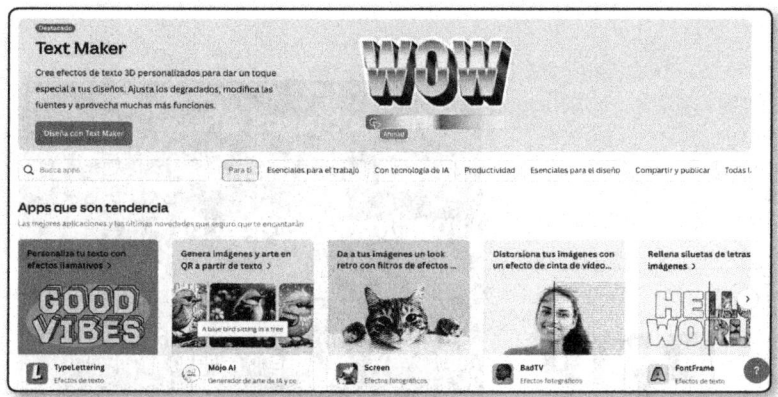

Muy interesante es ojear las aplicaciones populares y que pueden darte ideas para tus proyectos. Entre las más interesantes, podemos tener la opción de crear un código QR, Mockups, crear contenido para Youtube, DALL-E o crear un logo. Aunque hay muchísimas más, vamos a ver algunos ejemplos.

Logo Maker

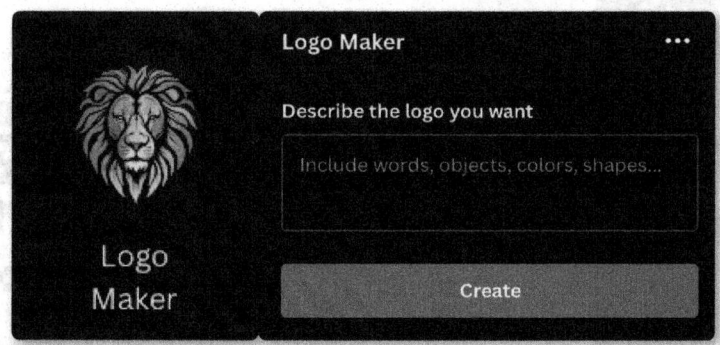

Código QR

Youtube

Opción muy interesante para usar los vídeos de la plataforma en tus diseños. Te ahorrará mucho tiempo y algún quebradero de cabeza, por lo que es una de las aplicaciones más usadas.

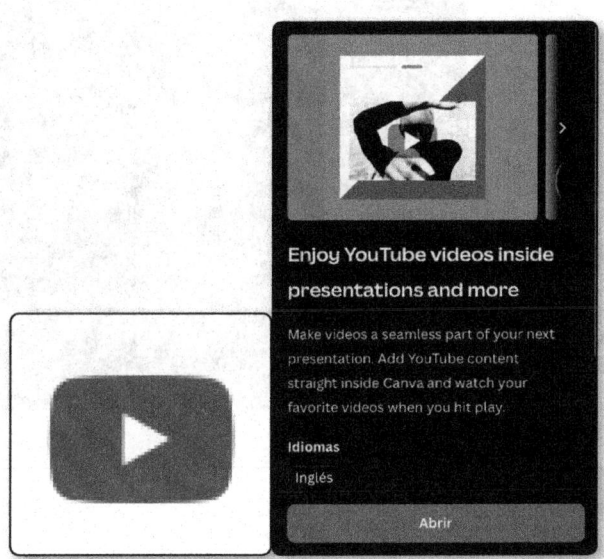

DALL-E

Si quieres probar otra alternativa a la que te ofrece Canva, DALL-E es generador de imágenes a través de texto creado por OpenAI, los mismos que ChatGPT.

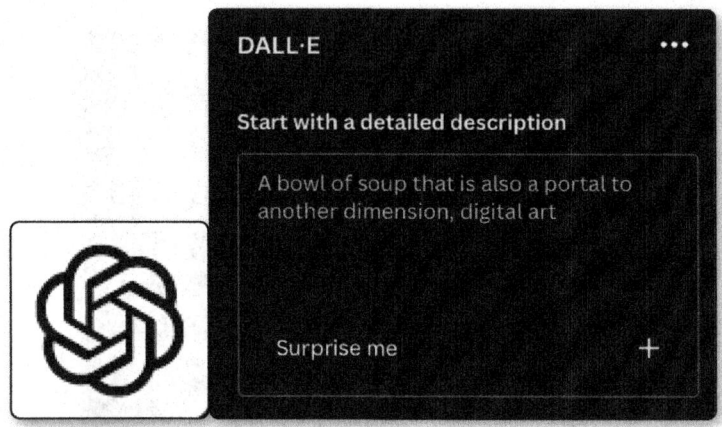

Crea tu vídeo

Dentro de la opción Apps, hay una herramienta muy interesante que es Multimedia mágico en la que podremos crear un vídeo de lo que pidamos en cuestión de segundos. Tras buscar multimedia, elegimos la opción e iniciamos la creación. Como veremos en el ejemplo, podemos pedir cualquier cosa, aunque no siempre los resultados serán los esperados, pero sí bastante decentes. Si no es lo esperado, prueba a hacer otra creación. En el error, está el acierto.

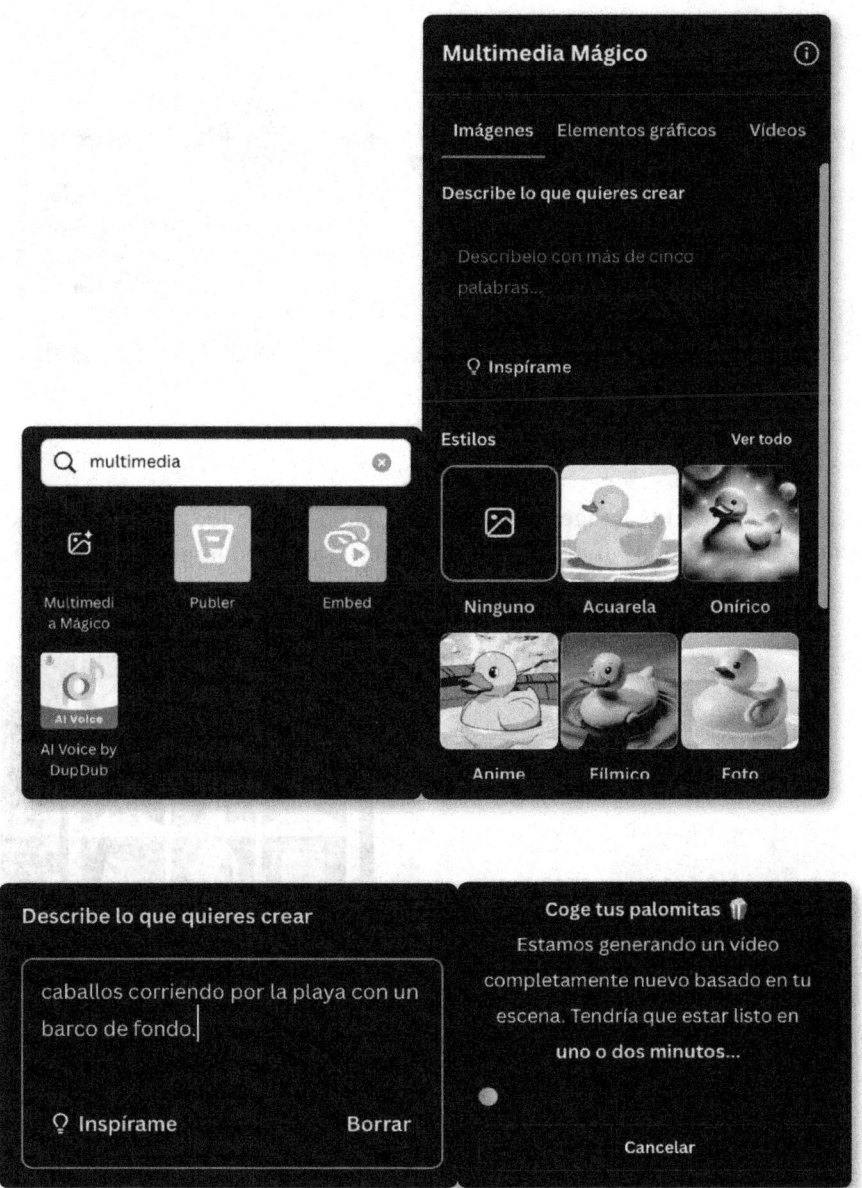

D-ID AI Presenters

¿Quieres que tus imágenes hablen? Sí, así como lo lees. Hay una aplicación que permite dar vida una imagen y hacer como si nos hablara. Lo habrás visto en varios vídeos y lo bueno es que también puedes hacerlo.

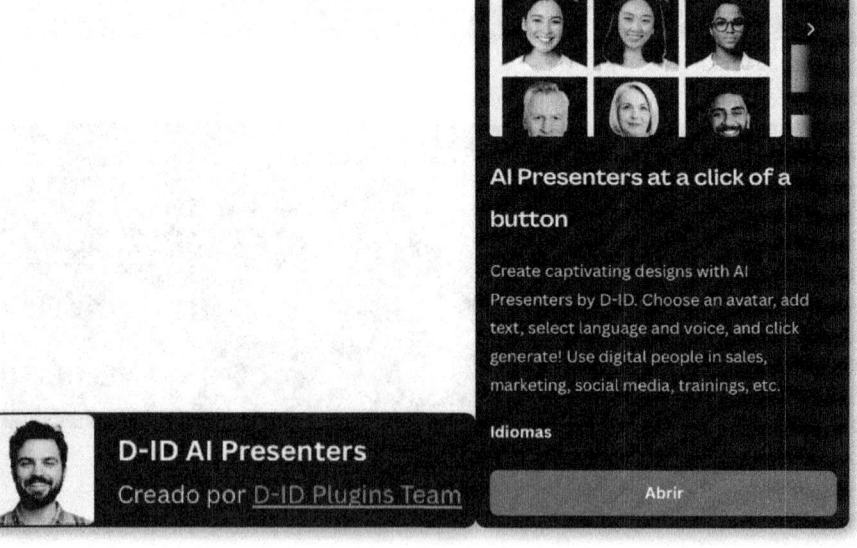

Al abrir la aplicación, elegiremos la imagen, así como el color de fondo que deseemos añadirle.

A partir de aquí, podremos elegir entre introducir el texto, seleccionando el lenguaje, el tipo de voz que nos ofrecen, así como el nombre del vídeo, o subir el archivo que deseemos.

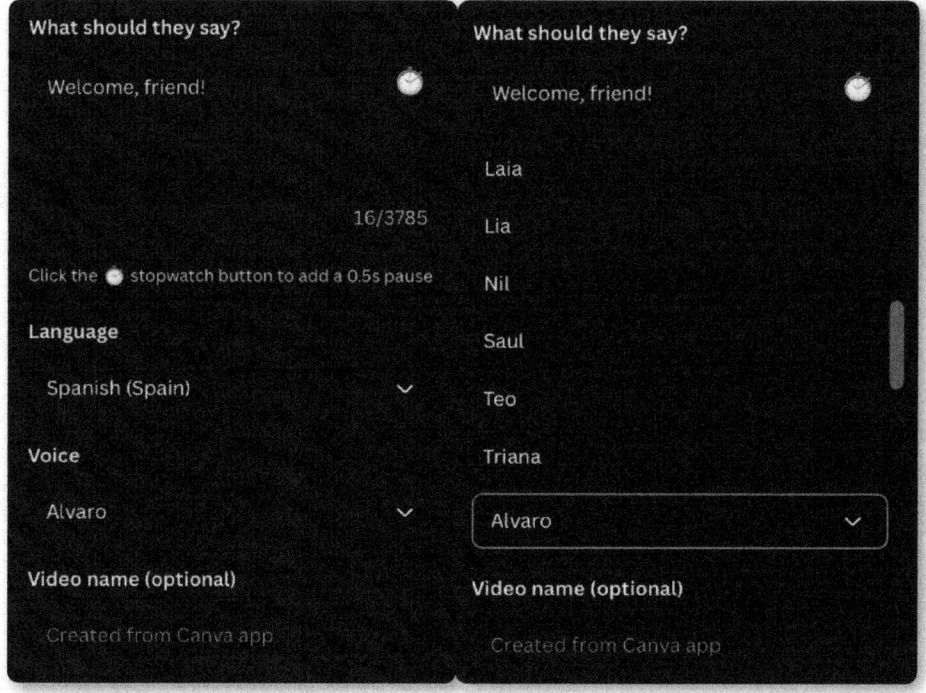

Antes de generar el diseño, podrás ver una previsualización. Es necesaria tener una cuenta para vincularla (podrás hacerlo en el mismo momento) y, de forma gratuita, tendrás 20 créditos, lo que significa que podrás generar 20 imágenes parlanchinas.

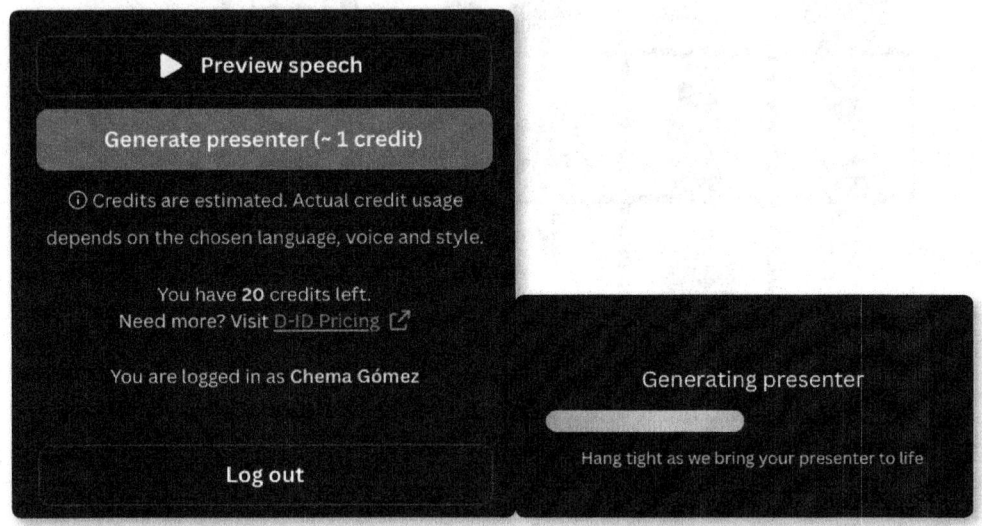

Ahora ya, solo toca esperar y ver el resultado.

6.4 OTRAS APPS

Actualmente, la creación directa de proyectos en Canva mediante herramientas de IA es limitada y generalmente requiere la integración a través de APIs o plataformas específicas que admitan estas integraciones. Sin embargo, hay algunas herramientas y servicios de IA que pueden facilitar la creación de contenido para Canva o trabajar en conjunto con Canva mediante procesos automatizados. A continuación, se detallan algunas opciones:

Zapier

Zapier es una plataforma que permite la automatización de tareas entre diferentes aplicaciones, incluyendo Canva. Aunque no puede crear un proyecto de Canva desde cero, puede automatizar procesos como la carga de contenido o la organización de elementos dentro de Canva.

¿Qué es Zapier?

Solo somos algunos humanos que piensan que las computadoras deberían hacer más trabajo.

Zapier te ayuda a automatizar las partes más tediosas de tu trabajo diario. Con más de 6,000 integraciones y servicios, empoderamos a empresas en todo el mundo para crear procesos y sistemas que permitan a las computadoras hacer lo que mejor saben hacer y a los humanos hacer lo que mejor saben hacer.

Integra

Conecta tus aplicaciones web con unos pocos clics para que puedan compartir datos.

Automatiza

Transfiere información entre tus aplicaciones con flujos de trabajo llamados Zaps.

Innova

Construye procesos más rápidamente y realiza más tareas sin necesidad de programar.

Ejemplo de automatización con Zapier:

- ▶ **Automatización de carga de imágenes**: subir automáticamente imágenes desde una carpeta específica de Google Drive a Canva.

- ▶ **Generación de gráficos**: crear gráficos automáticamente en Canva a partir de datos en una hoja de cálculo de Google Sheets.

Make

Make, anteriormente conocido como Integromat, es otra plataforma de automatización que ofrece integraciones con Canva. Similar a Zapier, puede automatizar flujos de trabajo que involucren la creación de contenido en Canva.

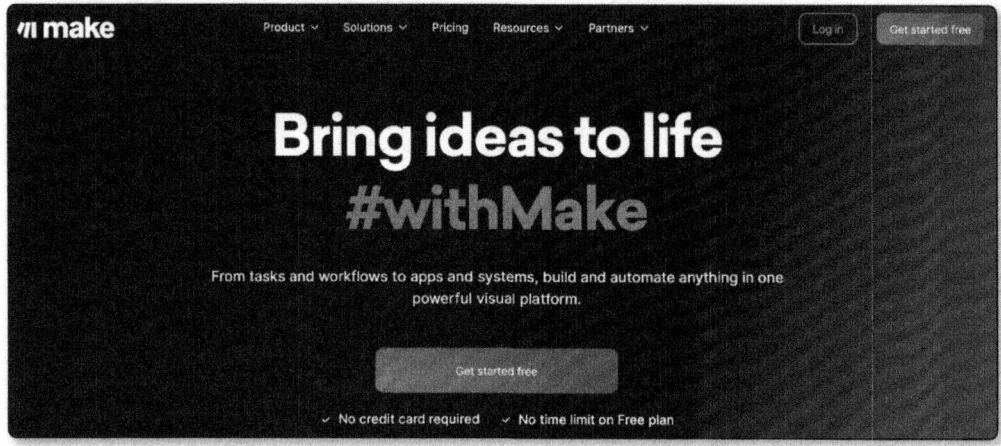

Ejemplo de automatización con Integromat:

▸ **Actualización de plantillas**: actualizar automáticamente plantillas de Canva con datos de un CRM o de una base de datos.

▸ **Sincronización de contenidos**: sincronizar contenido entre Canva y plataformas de redes sociales para publicaciones automáticas.

Desarrollos personalizados con API de Canva

Canva ofrece una API que permite a los desarrolladores crear aplicaciones que interactúan con Canva. Si tienes conocimientos de programación o acceso a desarrolladores, puedes crear soluciones personalizadas que automaticen la creación de proyectos en Canva.

Ejemplo de uso de la API de Canva:

▸ **Generación de documentos**: crear documentos o presentaciones automáticamente en Canva a partir de plantillas predefinidas y datos específicos.

▸ **Personalización masiva**: generar múltiples versiones personalizadas de un diseño para marketing directo o correos electrónicos.

Asistentes de IA y generadores de contenido

Aunque no pueden interactuar directamente con Canva para crear proyectos, los asistentes de IA como ChatGPT pueden proporcionar guías detalladas y recomendaciones que faciliten la creación manual de proyectos en Canva. Además, algunas herramientas de IA pueden generar contenido visual que luego se puede cargar en Canva.

Ejemplos de herramientas de generación de contenido:

- **DALL-E y Midjourney**: generan imágenes a partir de descripciones de texto que luego puedes usar en tus proyectos de Canva.

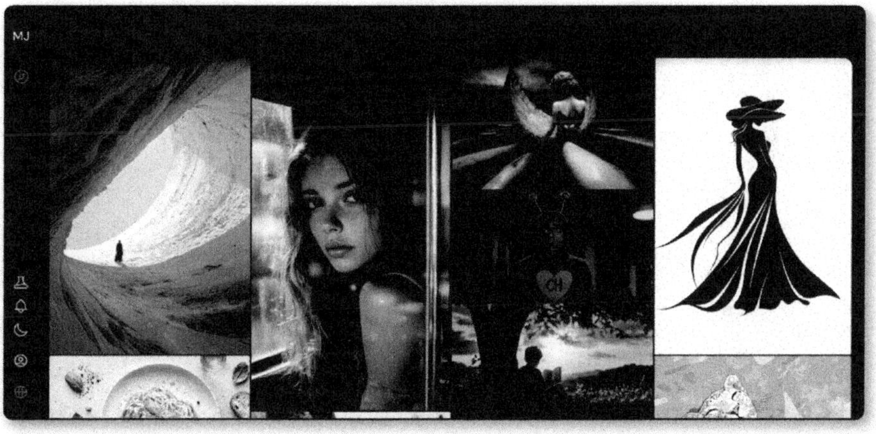

- **Copy.ai y Jasper**: crean textos creativos y descripciones que pueden incluirse en tus diseños de Canva.

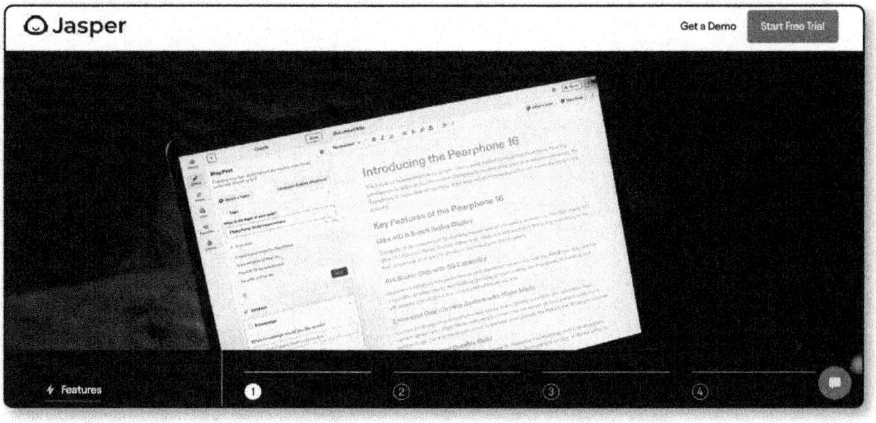

7

CONSEJOS VARIOS

7.1 ATAJOS, TIPS Y TRUCOS EN CANVA

Si quieres una experiencia de diseño más efectiva, eficiente y rápida, existen ciertos atajos y trucos que harán que seas el dueño de Canva. Además de todo el tiempo que te ahorrarán. Están los típicos como el Ctrl C y Ctrl V, pero hay alguna sorpresita guardada.

Atajos de teclado

Los atajos de teclado te permiten realizar acciones rápidamente sin tener que navegar por los menús. Aquí tienes una lista de los atajos de teclado más comunes y útiles en Canva:

Atajos básicos

- **Ctrl + C (Cmd + C en Mac)**: Copiar.
- **Ctrl + V (Cmd + V en Mac)**: Pegar.
- **Ctrl + Z (Cmd + Z en Mac)**: Deshacer.
- **Ctrl + Y (Cmd + Y en Mac)**: Rehacer.
- **Ctrl + A (Cmd + A en Mac)**: Seleccionar todo.

Atajos de diseño

- **Ctrl + D (Cmd + D en Mac)**: Duplicar un elemento.
- **Ctrl + G (Cmd + G en Mac)**: Agrupar elementos seleccionados.
- **Ctrl + Shift + G (Cmd + Shift + G en Mac)**: Desagrupar. elementos
- **Alt + Arrastrar**: Duplicar un elemento arrastrándolo.
- **Shift + Arrastrar**: Restringir el movimiento a eje horizontal o vertical.

Atajos de texto

▸ **Ctrl + B (Cmd + B en Mac)**: Aplicar negrita al texto seleccionado.

▸ **Ctrl + I (Cmd + I en Mac)**: Aplicar cursiva al texto seleccionado.

▸ **Ctrl + U (Cmd + U en Mac)**: Subrayar el texto seleccionado.

▸ **Ctrl + Shift + K (Cmd + Shift + K en Mac)**: Convertir texto a mayúsculas.

▸ **Ctrl + Shift + L (Cmd + Shift + L en Mac)**: Alinear texto a la izquierda, centro o derecha.

Navegación

▸ **Espacio + Arrastrar**: Moverse por el lienzo.

▸ **Ctrl + "+" (Cmd + "+" en Mac)**: Acercar.

▸ **Ctrl + "-" (Cmd + "-" en Mac)**: Alejar.

Tips para mejorar la productividad

Utiliza plantillas

▸ **Explorar plantillas**: Canva ofrece una vasta biblioteca de plantillas prediseñadas para diversas necesidades como presentaciones, redes sociales, documentos y más.

▸ **Personaliza rápidamente**: selecciona una plantilla que se acerque a tu visión y personalízala con tus colores, fuentes e imágenes para ahorrar tiempo.

Organiza tus diseños

▸ **Carpetas**: utiliza carpetas para organizar tus proyectos, especialmente si trabajas en múltiples diseños o para diferentes clientes.

▸ **Etiquetas y notas**: agrega etiquetas y notas a tus diseños para facilitar la búsqueda y la organización.

Guarda tus colores y fuentes

▸ **Paletas de colores**: guarda tus paletas de colores en la sección de "Marca" para acceder a ellas rápidamente en cualquier proyecto.

▸ **Fuentes preferidas**: marca tus fuentes favoritas y úsalas consistentemente para mantener una identidad visual coherente.

Trucos para mejorar tus diseños

Ajuste preciso de elementos

▶ **Alineación automática**: Canva tiene guías automáticas que te ayudan a alinear elementos fácilmente. Utiliza estas guías para asegurar que tus elementos estén bien organizados.

▶ **Espaciado uniforme**: utiliza la herramienta de espaciado para asegurar una distribución uniforme entre elementos.

Uso de transparencia

▶ **Efectos de transparencia**: aplica transparencias a imágenes y elementos para crear efectos de superposición y añadir profundidad a tus diseños.

▶ **Sombras y resplandores**: utiliza sombras y resplandores con transparencia para destacar elementos y añadir dimensión.

Exportación óptima

▶ **Formato adecuado**: elige el formato de exportación adecuado para tu proyecto. Por ejemplo, usa PNG para gráficos con fondo transparente y PDF para documentos que necesiten alta calidad para impresión.

▶ **Ajustes de calidad**: ajusta la calidad de la exportación según el uso final. Para imágenes web, una calidad más baja puede ser suficiente, mientras que, para impresiones, una alta calidad es esencial.

7.2 CONSEJOS VARIOS

Aunque muchas cosas las sabrás o se habrán visto a lo largo del libro, siempre es bueno tener recopilados algunos consejos que pueden ayudarte en tu tarea de diseñador.

▶ **Códigos Hex de color**: puedes pegar directamente un código hex de color en cualquier campo de color para obtener el tono exacto que deseas. Esto es útil para mantener la consistencia de la marca.

Paleta de colores

#335288

▶ **Guías y rejillas personalizadas**: además de las guías y rejillas predeterminadas, puedes crear las tuyas arrastrando líneas desde los bordes de la interfaz. Es útil para alinear elementos de forma precisa.

▶ **Comandos de teclado ocultos**:
- **Ctrl/Cmd + ;**: Mostrar/ocultar guías.
- **Ctrl/Cmd + Alt + B**: Colocar elementos seleccionados en la parte inferior de la pila.
- **Ctrl/Cmd + Alt +]**: Traer elementos seleccionados al frente.

▶ **Animaciones personalizadas**: puedes personalizar las animaciones de los elementos en Canva. Después de seleccionar una animación, ajusta la duración y el retraso para que se adapten mejor a tu diseño.

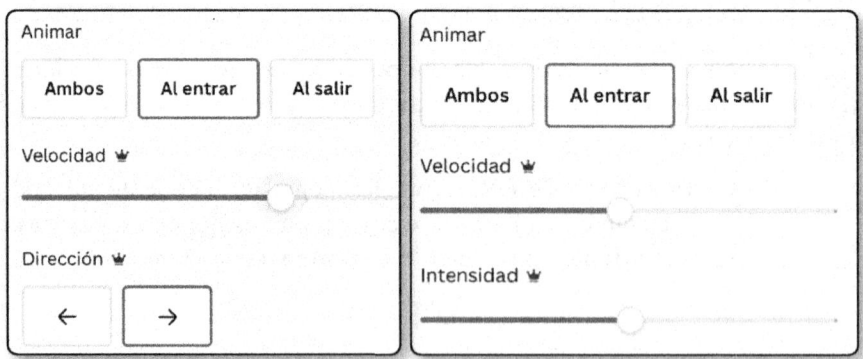

▶ **Uso de archivos SVG**: si subes archivos en formato SVG, puedes desagrupar los elementos y editarlos individualmente en Canva. Esto te permite hacer modificaciones detalladas en gráficos vectoriales.

⚐ **Texto transparente con efecto de imagen**: para crear un efecto de texto transparente sobre una imagen:
- Coloca la imagen como fondo.
- Añade un cuadro de texto y escribe el texto deseado.
- Selecciona el texto, haz clic en *Efectos* y elige *Recortar*. Ajusta el tamaño y posición para lograr el efecto deseado.

⚐ **Trucos de espaciado**: usa la opción de *Espaciado* en la barra de herramientas de texto para ajustar el espaciado entre letras y líneas. Al seleccionar múltiples elementos, usa las opciones de "Distribuir horizontalmente/verticalmente" para espaciar uniformemente los elementos seleccionados.

⚐ **Duplicar página rápidamente**: si deseas duplicar una página entera dentro de un diseño, simplemente haz clic en el icono de "Duplicar página" en la parte superior derecha de la página en miniatura.

▼ **Ajustar elementos con precisión**: mantén presionada la tecla "Shift" mientras mueves un elemento para restringir el movimiento a una dirección (horizontal o vertical), lo que permite un posicionamiento más preciso.

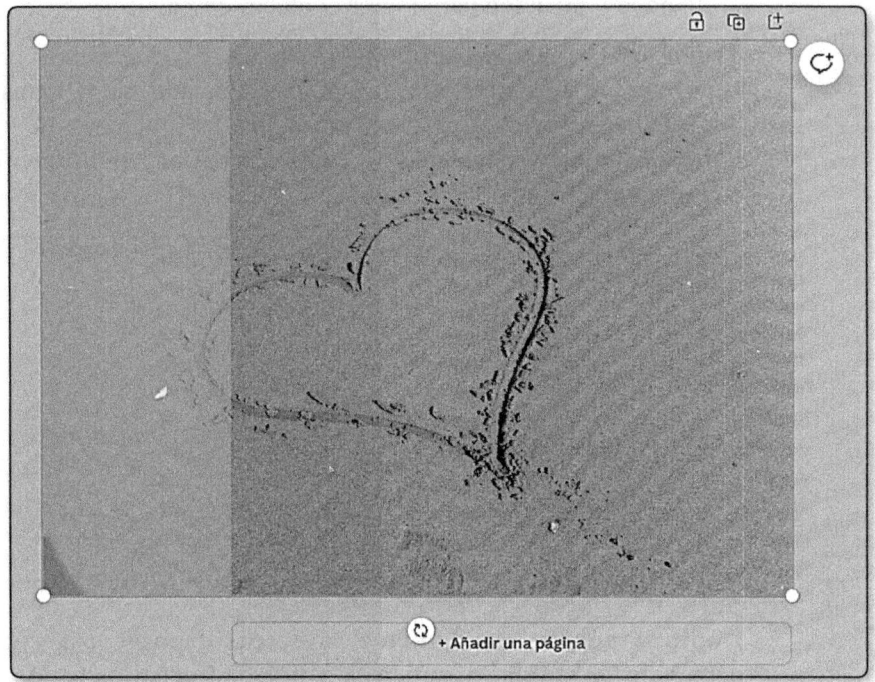

▼ **Importar fuentes propias**: los usuarios de Canva Pro pueden subir sus propias fuentes para usarlas en sus diseños. Esto es muy útil para mantener la consistencia de la marca si tu empresa usa fuentes específicas.

7.3 HERRAMIENTAS Y ADICIONALES

Canva ofrece una amplia variedad de herramientas que amplían sus funcionalidades, permitiendo a los usuarios crear contenido más dinámico y adaptado a diversas necesidades. A continuación, se detalla cómo aprovecharlas para optimizar el uso de Canva.

Integrando aplicaciones de terceros en Canva

Canva se integra con múltiples aplicaciones de terceros, lo que facilita la inserción de imágenes, GIFs, emojis, vídeos, códigos QR y más. Estas integraciones enriquecen las capacidades creativas y mejoran la eficiencia en el flujo de trabajo.

▶ **Imágenes y GIFs**

▶ **Pexels y Unsplash**: bibliotecas de imágenes libres de derechos que se pueden buscar y añadir directamente a los diseños en Canva.

▶ **Giphy**: plataforma para buscar y agregar GIFs animados, ideal para hacer diseños más dinámicos y atractivos.

▶ **Emojis**: Canva permite la inserción de *emojis* directamente desde su interfaz, facilitando la adición de estos elementos gráficos que son muy populares en las redes sociales y en la comunicación visual actual.

▶ **Vídeos de YouTube**: los usuarios pueden insertar vídeos de YouTube directamente en sus presentaciones o diseños, permitiendo una integración fluida de contenido multimedia.

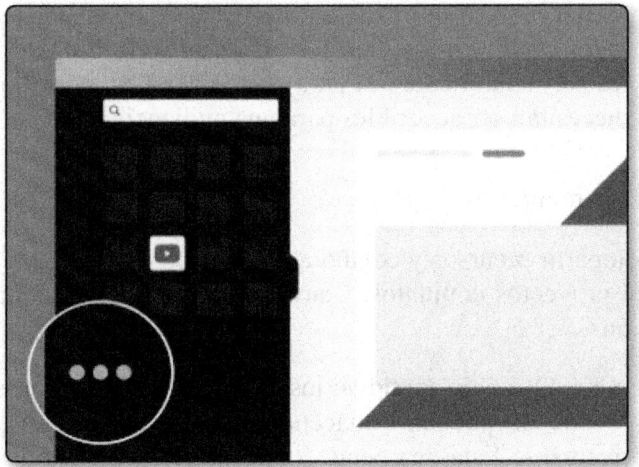

▶ **Códigos QR**: hay también la posibilidad de generar e insertar códigos QR en los diseños, lo cual es útil para promociones, eventos y materiales impresos que requieren una acción interactiva de los usuarios.

▶ **Mapas de Google**: la integración con Google Maps permite añadir mapas personalizados a los diseños, útiles para indicaciones de eventos, localización de tiendas, y otros propósitos geográficos.

Imágenes de redes sociales y almacenamiento en la nube

▸ **Facebook e Instagram**: los usuarios pueden importar imágenes directamente desde sus cuentas de Facebook e Instagram.

▸ **Google Drive y Google Photos**: integraciones que permiten acceder y usar fotos y archivos almacenados en Google Drive y Google Photos.

▸ **Flickr**: plataforma para importar imágenes desde cuentas de Flickr, facilitando el uso de fotografías personales o profesionales.

Generar enlaces

Generar enlaces directos a los diseños creados en Canva facilita la colaboración y el acceso compartido a los proyectos.

▸ **Enlaces para compartir**: Canva permite generar enlaces compartibles que se pueden enviar a compañeros, clientes o amigos para revisar y comentar los diseños. Estos enlaces pueden configurarse con permisos de edición o solo de visualización, según las necesidades del usuario.

▸ **Enlaces para publicación**: los usuarios pueden generar enlaces públicos para compartir sus diseños en sitios web, blogs o redes sociales. Esto es particularmente útil para presentaciones, porfolios y documentos que necesitan ser accesibles para una audiencia amplia.

Compartir los recursos

Compartir recursos y colaborar en tiempo real es esencial para equipos que trabajan en proyectos conjuntos. Canva ofrece varias funciones para facilitar esta colaboración.

▸ **Carpetas compartidas**: los usuarios pueden crear carpetas compartidas donde se pueden almacenar y organizar diseños, imágenes, y otros recursos. Estas carpetas son accesibles para todos los miembros del equipo, lo que facilita la colaboración y el acceso a materiales comunes.

Crear carpetas

Crea carpetas para organizar tus diseños y tus archivos subidos.

Ordenador Móvil

1. Desde el panel lateral de la página de inicio, haz clic en ▢ **Proyectos**.

2. Haz clic en el **icono más** ╋ de la esquina superior de la página.

3. Selecciona ▢ **Carpeta**.

4. Pon un nombre a tu carpeta. También puedes compartirlo con tu equipo o con tu clase (usuarios de Canva para Educación).

5. Haz clic en **Crear carpeta** para terminar.

Puedes crear una cantidad ilimitada de carpetas.

Subir contenido multimedia a las carpetas

Ordenador Móvil

1. Dentro de la carpeta, haz clic en el ╋ **icono Más** en la esquina superior de la página.

2. Haz clic en ☁ **Subir**.

3. Selecciona el archivo que quieres subir.

Las carpetas de Canva Gratis pueden contener hasta **200 elementos**, y las de Canva Pro, Canva Equipos, Canva para Educación y Canva para ONG pueden contener hasta **5000 elementos**.

▶ **Edición colaborativa**: Canva permite la edición simultánea de diseños por múltiples usuarios. Esto significa que varias personas pueden trabajar en el mismo proyecto al mismo tiempo, haciendo cambios en tiempo real y viendo las actualizaciones de los demás de inmediato.

▶ **Comentarios y notificaciones**: los miembros del equipo pueden dejar comentarios en los diseños, sugiriendo cambios o aprobando elementos específicos. Canva también envía notificaciones para mantener a todos los colaboradores informados sobre nuevas actualizaciones y comentarios.

Descarga en distintos formatos

Canva permite descargar los diseños en varios formatos, cada uno adecuado para diferentes propósitos.

- ▼ **JPEG y PNG**: el primero es ideal para fotografías y diseños donde el tamaño del archivo debe ser manejable y no se necesita un fondo transparente mientras que el segundo es recomendado para gráficos con fondos transparentes o cuando se requiere alta calidad de imagen.

- ▼ **PDF**: versión normal.

- ▼ **PDF estándar**: usado para documentos que se visualizarán digitalmente.

- ▼ **PDF para imprimir**: formato de alta calidad para materiales que serán impresos, asegurando que los colores y detalles se mantengan en la impresión final.

- ▼ **PPT**: los diseños pueden exportarse como presentaciones de PowerPoint, permitiendo a los usuarios continuar editando o presentar directamente en formatos compatibles con Microsoft Office.

- ▼ **MP4**: formato de vídeo ideal para publicaciones en redes sociales, presentaciones y sitios web.

- ▼ **GIF**: usado para crear animaciones cortas y ligeras, perfectas para contenido interactivo en redes sociales y sitios web.

Trabajando con inteligencia artificial

Aunque se detallan en este libro, Canva incorpora varias herramientas de inteligencia artificial (IA) para mejorar la creatividad y la eficiencia en el diseño.

Desafíos de la IA

- ▼ **Precisión y coherencia**: aunque las herramientas de IA pueden automatizar y agilizar el proceso de diseño, a veces pueden faltar precisión y coherencia, especialmente en diseños muy personalizados.

- ▼ **Control creativo**: es crucial equilibrar el uso de IA con el control creativo manual para asegurar que los diseños cumplan con las expectativas y estándares de calidad.

Generador Mágico de IA

▶ **Sugerencias automáticas**: Canva utiliza IA para proporcionar sugerencias automáticas de elementos gráficos, colores, y tipografías que complementan el diseño en el que se está trabajando.

▶ **Automatización de tareas**: herramientas como el Generador Mágico permiten automatizar tareas repetitivas, como el ajuste de tamaños y la alineación de elementos, mejorando la eficiencia y permitiendo a los diseñadores centrarse en aspectos más creativos del proyecto.

Creando imágenes propias con IA

▶ **Generación de imágenes**: el programa ofrece herramientas de IA que permiten generar imágenes personalizadas basadas en descripciones textuales. Esto es útil para crear gráficos únicos y adaptados a necesidades específicas.

▶ **Edición avanzada**: la IA en Canva facilita la edición avanzada de imágenes, como la eliminación de fondos, el ajuste automático de colores, y la mejora de la calidad de las fotos.

Las herramientas y adicionales de Canva amplían significativamente las capacidades de la plataforma, permitiendo a los usuarios crear contenido más diverso y profesional. La integración con aplicaciones de terceros, la posibilidad de generar enlaces y compartir recursos, las opciones de descarga en varios formatos y las funcionalidades de IA, todas contribuyen a hacer de Canva una herramienta integral y versátil para diseñadores, publicistas y creadores de contenido. Aprovechar estas herramientas puede mejorar la eficiencia, la creatividad y la calidad del trabajo producido en Canva.

8

EJEMPLOS PRÁCTICOS

8.1 CÓMO CREAR UN BUEN CURRÍCULUM EN CANVA

Crear un currículum en Canva es un proceso intuitivo y altamente personalizable que te permite destacar entre otros candidatos con un diseño profesional y atractivo. ¿Comenzamos?

Buscar plantillas de currículum

- ▶ En la barra de búsqueda de Canva, escribe "Currículum" o "Resume".
- ▶ Canva mostrará una variedad de plantillas de currículum prediseñadas.

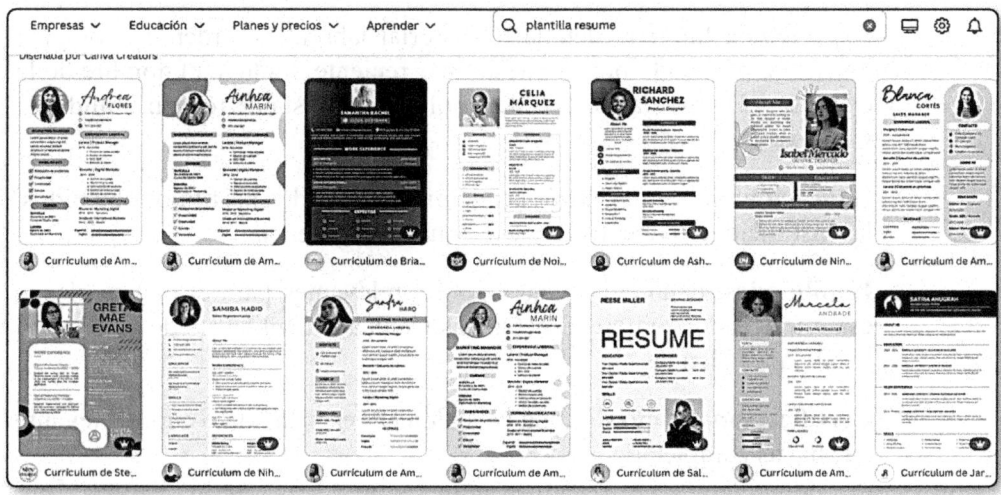

Selección de la plantilla

Elegir una plantilla

Examina las plantillas disponibles y selecciona una que se adapte a tu estilo profesional y a la industria a la que estás aplicando.

Puedes filtrar las plantillas por color, estilo o diseño para encontrar la más adecuada.

Abrir la plantilla en el editor

Haz clic en la plantilla elegida para abrirla en el editor de Canva.

Personalización del currículum

Añadir información personal

Haz clic en los cuadros de texto prediseñados para reemplazar el texto con tu información personal: nombre, dirección, número de teléfono, correo electrónico y cualquier enlace profesional relevante (por ejemplo, LinkedIn, sitio web personal).

Agregar secciones relevantes

- **Objetivo profesional**: incluye un breve resumen de tus objetivos profesionales y lo que esperas lograr en tu carrera.

- **Experiencia laboral**: detalla tu historial laboral en orden cronológico inverso, empezando por tu puesto más reciente. Incluye el nombre de la empresa, el cargo, las fechas de empleo y una lista de responsabilidades y logros.

- **Educación**: indica tus logros académicos, incluidos los títulos obtenidos, las instituciones educativas y las fechas de asistencia.

- **Habilidades**: enumera las habilidades relevantes para el puesto al que estás aplicando, como competencias técnicas, habilidades de software y habilidades blandas.

- **Certificaciones y cursos**: añade cualquier certificación o curso relevante que hayas completado.

▶ **Proyectos**: si es relevante para el puesto, incluye una sección de proyectos destacando trabajos específicos que demuestren tus habilidades y experiencia.

▶ **Referencias**: si fuera necesario, añade referencias profesionales con sus respectivos datos de contacto.

Personalizar la tipografía y los colores

Ajusta las fuentes y los colores de la plantilla para que se alineen con tu estilo personal o con la identidad visual de la industria a la que estás aplicando.

Asegúrate de mantener la legibilidad utilizando fuentes claras y un contraste adecuado entre el texto y el fondo.

Añadir elementos visuales

Insertar una foto profesional (Opcional)

Si decides incluir una foto, elige una imagen profesional con un fondo neutro. Puedes, como hace mucha gente, añadir una imagen normal, pero restará profesionalidad a tu proyecto.

Haz *clic* en el marco de imagen prediseñado (si la plantilla lo tiene) o añade un nuevo marco de imagen desde el menú "Elementos".

Incorporar iconos y gráficos

Usa iconos para representar secciones como experiencia laboral, educación y habilidades. Los iconos pueden hacer que tu currículum sea más visualmente atractivo y fácil de leer.

Añade gráficos de barras o diagramas circulares para visualizar tus habilidades y competencias.

Revisión y ajustes

Revisar el contenido

Verifica la ortografía y gramática de todo el contenido del currículum. Esencial a la hora de presentar tu candidatura. Si tienes dudas, es mejor consultar a alguien que quedarte con la incertidumbre.

Asegúrate de que toda la información sea precisa y esté actualizada.

Ajustar la estructura y el diseño

Revisa el diseño general para asegurarte de que todo esté alineado correctamente y que el currículum tenga un flujo lógico y fácil de seguir.

Asegúrate que el currículum no esté sobrecargado de texto. Usa espacios en blanco estratégicamente para mejorar la legibilidad.

Ejemplos

8.2 CREANDO UN EBOOK CON CANVA

Sí, se puede crear un ebook utilizando Canva. Y lo mejor es que destaca la facilidad y flexibilidad de la plataforma para diseñar libros electrónicos atractivos. De esta forma, los usuarios pueden diseñar documentos visualmente atractivos sin necesidad de conocimientos avanzados en diseño gráfico.

▸ Lo primero, es **elegir la plantilla** específica para nuestro ebook. Estas plantillas están diseñadas con formatos profesionales y ofrecen un punto de partida sólido. Busca *ebook* en la barra de búsqueda de Canva para encontrar plantillas adecuadas. Las plantillas incluyen opciones para diferentes estilos y temas, adaptándose a diversas necesidades de diseño.

▶ **Edición de contenido**: una vez seleccionada la plantilla, podemos modificar el contenido de cada página. Esto incluye reemplazar el texto de ejemplo con el contenido del ebook, como capítulos o secciones, dependiendo de la temática.

▸ **Ajustes de diseño**: lógicamente, podemos cambiar el diseño cambiando fuentes, colores y elementos gráficos. Canva permite ajustar estos elementos para que coincidan con la marca o el estilo personal del autor del ebook. Esto es como un proyecto normal, así que podemos jugar con todos los elementos.

▸ **Diseño de portada**: la primera impresión del ebook es la portada. Canva ofrece herramientas para diseñar portadas llamativas que capturan la esencia del contenido. Podemos elegir una y cambiarla al gusto. En el siguiente ejemplo, vamos a cambiar una portada predefinida por otra únicamente cambiando el fondo (eliminándolo y sustituyéndolo, recuerda situarla al fondo) y poniendo un filtro diferente a la foto principal.

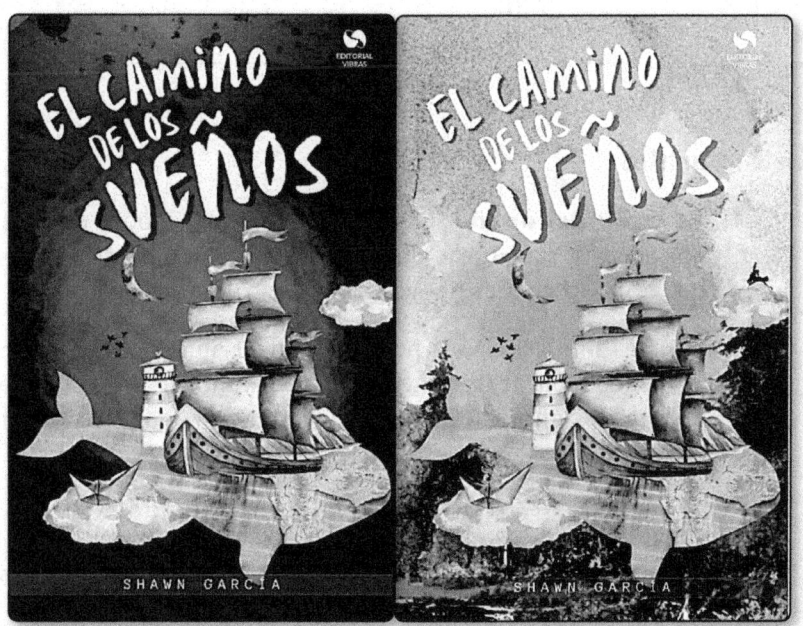

▸ **Índice y elementos de navegación**: es recomendable incluir un índice interactivo en el ebook para facilitar la navegación. Canva permite crear vínculos internos dentro del documento para que los lectores puedan saltar a diferentes secciones fácilmente. Seleccionamos la parte del texto y damos clic en el botón de enlace. Se abre una pestaña en la que podemos añadir un enlace externo y más opciones. En este caso, nos interesa enlazarla a una página de nuestro proyecto.

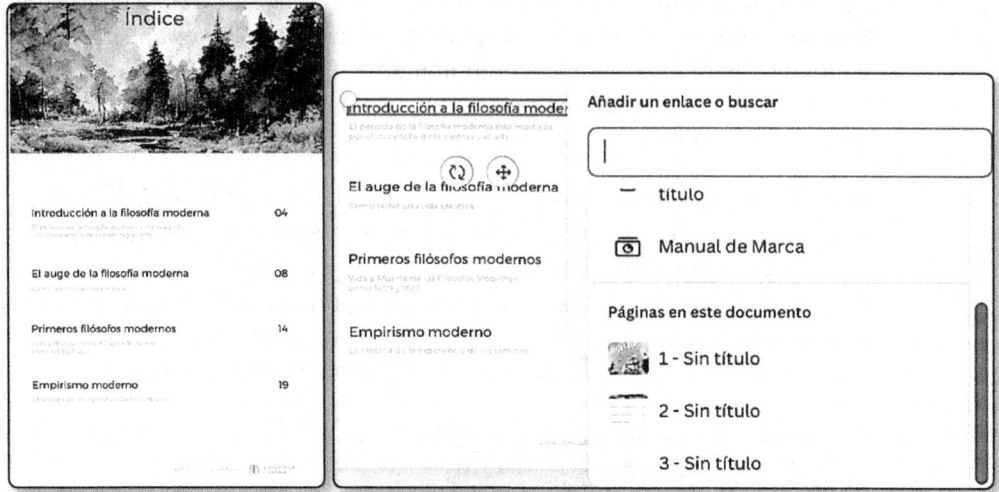

Revisión y ajustes

▸ **Revisión del diseño**: antes de finalizar el ebook, es crucial revisar el diseño para asegurarse de que todo el contenido esté bien organizado y que no haya errores tipográficos o de formato.

▸ **Ajustes finales**: Canva permite realizar ajustes finales en el diseño y en la disposición de las páginas para garantizar un resultado profesional. Podemos cambiar el texto, retocar las imágenes o añadiendo nuevos elementos o colores.

En el ejemplo de la portada del barco, vamos a desenfocar la parte inferior para darle mayor importancia al barco, cambiar el tipo y relleno del texto, modificar la ubicación de los elementos y añadirle un tono más rojizo a la foto que contraste con el bosque.

Exportación y publicación

Una vez completado el diseño, Canva ofrece varias opciones para exportar el ebook. Los formatos comunes incluyen PDF, que es ideal para la distribución digital. Es recomendable tener guardado el archivo por si necesitas otro formato, aunque el PDF sea el esencial.

Por supuesto, antes de compartirlo o subirlo a cualquier plataforma, verifica que tu ebook está listo y que todos los elementos añadidos son correctos.

Si quieres ser original, puedes probar a añadir algunas particularidades que lo hagan diferente:

- Escribe a mano una parte o haz un dibujo, podrás escanearlo y subirlo y añadirlo al ebook.

- Añade elementos gráficos a los capítulos o puntos especiales.

- Introduce un código Bidi para mostrar tu página web y redes sociales.

- Al copiar el texto, comprueba el tema de los márgenes y el espacio. Las guías, vistas anteriormente, son una gran ayuda.

- Como en todo libro, revisa la ortografía.

8.3 CREANDO UN SELLO

Es fácil crear una imagen que pueda usarse como sello, como imagen identificativa de una marca o empresa. En primer lugar, elegiremos la plantilla que mejor se adapte. En el ejemplo, nos decidimos por una circular.

Tras elegir la que más nos cuadre, comenzamos a cambiar elementos. Como consejo, elige la que más te guste como forma o estética. Todo lo demás, lo puedes cambiar. Veamos un ejemplo.

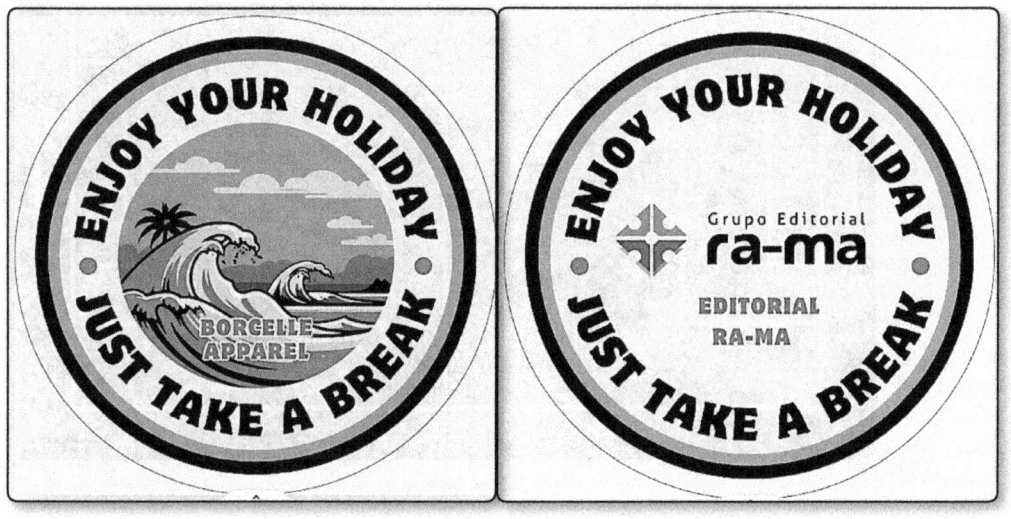

8.4 CREAR UNA ALINEACIÓN DE FÚTBOL

Crear una plantilla del once inicial de un equipo de fútbol en Canva es una tarea creativa y muy útil para mostrar alineaciones de equipos en una web, redes sociales o presentaciones. El ejemplo es con este deporte, pero puedes seguir el mismo procedimiento para un diseño de actores que participan en una película, comida sana o un catálogo de zapatillas.

Elegir o crear el fondo

Paso 1: seleccionar un fondo de campo de fútbol

▶ Usa la barra de búsqueda en Canva para buscar "campo de fútbol" o "soccer field". Encontrarás varias imágenes y gráficos de campos de fútbol.

▶ Selecciona una que se adapte a tus necesidades y colócala como fondo de tu diseño.

▶ Si no encuentras un campo adecuado, puedes subir una imagen externa del campo y ajustarla como fondo.

Paso 2: personalizar el fondo

▶ Puedes ajustar la opacidad del fondo si quieres que los elementos sobre él resalten más.

▶ Si prefieres un diseño más abstracto o limpio, puedes optar por un fondo sólido de color verde que simule el césped.

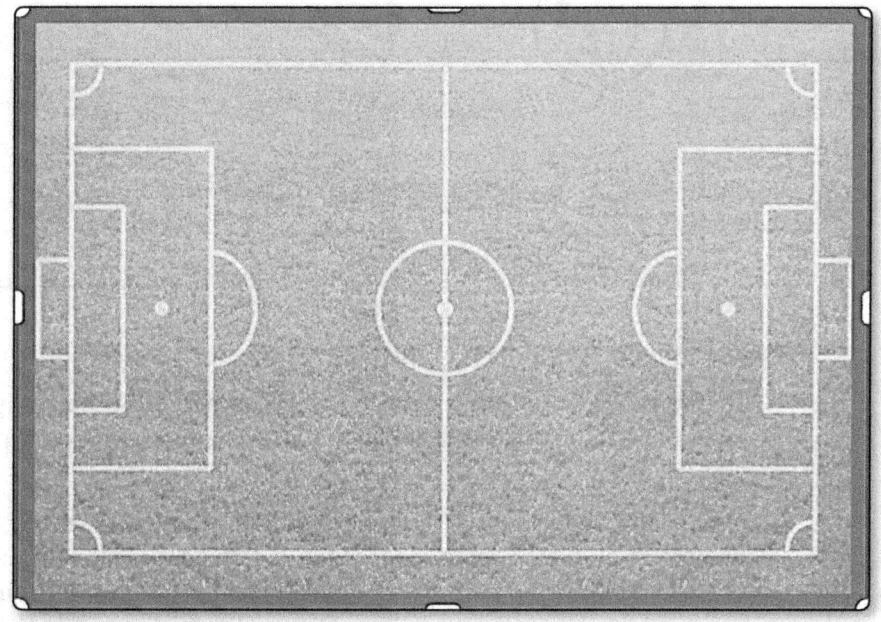

Paso 3: añadir posiciones y marcadores

Colocar círculos o marcos para las posiciones

▶ En la sección *Elementos*, busca "círculo" o "marco circular".

▶ Coloca 11 círculos (o marcos) en las posiciones correspondientes del campo donde los jugadores estarán ubicados (portero, defensas, mediocampistas y delanteros).

▶ Asegúrate de que estén distribuidos de manera que representen la formación del equipo, como 4-3-3, 4-4-2...

Paso 4: añadir números o etiquetas

▶ Dentro de cada círculo o marco, agrega un número o una etiqueta para identificar la posición del jugador (en el ejemplo, vamos a ponerle el número 27).

▶ Usa cuadros de texto o busca recuadros simples para colocar estos números o etiquetas dentro de los círculos. Puedes personalizar el color y el estilo de la fuente para que coincidan con los colores del equipo.

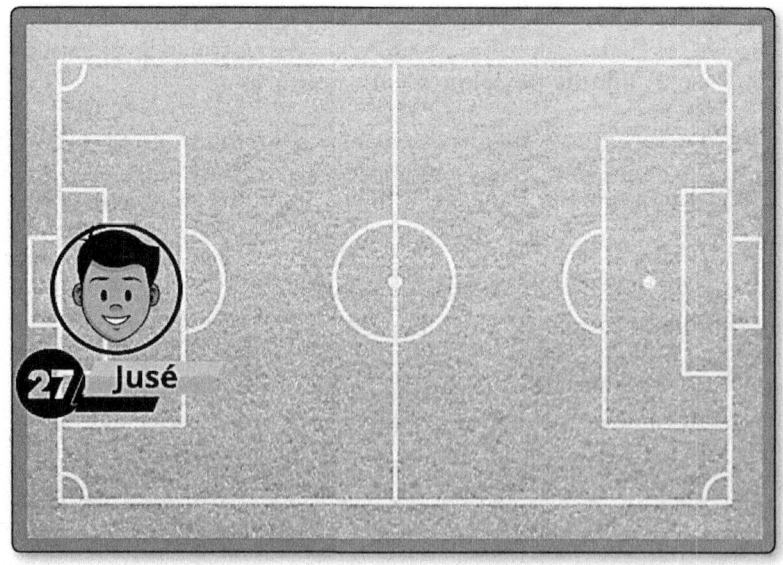

Paso 5: añadir información de los jugadores

Inserción de imágenes de jugadores

▸ Si tienes imágenes de los jugadores, puedes subirlas a Canva y colocarlas dentro de los marcos circulares que representan sus posiciones.

▸ Asegúrate de ajustar el tamaño de las imágenes para que se vean correctamente dentro de los círculos.

Agregar nombres y detalles

▸ Debajo o al lado de cada posición, inserta cuadros de texto con el nombre del jugador y otros detalles relevantes, como el número de camiseta o la nacionalidad.

▸ Ajusta la fuente y el tamaño del texto para que sea legible y se integre bien con el diseño.

▸ Prueba diferentes opciones para insertar los números o los nombres de los jugadores. En el ejemplo de abajo, tienes varios formatos de números.

Paso 6: personalización y estilo

Aplicar colores del equipo

▼ Usa los colores del equipo para personalizar los círculos, el texto y otros elementos del diseño. Esto puede incluir los colores principales y secundarios del uniforme.

▼ Asegúrate de que los colores sean consistentes en todo el diseño para mantener la identidad visual del equipo.

Añadir el escudo del equipo

▼ Si tienes un archivo PNG del escudo del equipo, súbelo a Canva y colócalo en una esquina del diseño o en el centro, dependiendo del diseño general.

▼ Ajusta el tamaño y la ubicación para que no interfiera con la alineación de los jugadores.

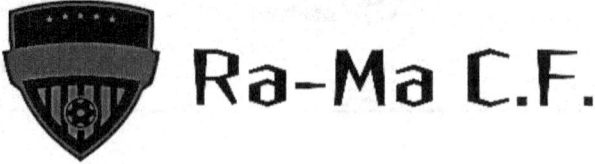

Último paso: revisa el diseño

▶ Verifica que todos los nombres y números sean correctos y que los elementos estén bien alineados.

▶ Asegúrate de que el diseño sea claro, atractivo y profesional.

▶ Exporta tu diseño. Recuerda que PNG es ideal para imágenes web de alta calidad, mientras que JPEG es una opción más ligera.

▶ Si necesitas editar la plantilla en el futuro, guárdala en tu cuenta de Canva.

9

NOVEDADES CANVA

Canva ha presentado una serie de novedades que, como definen, son "para todos los gustos". Alguna de estas innovaciones se presentan en cuatro campos: Marketing, Ventas, RR. HH. Y Creativo.

9.1 MARKETING

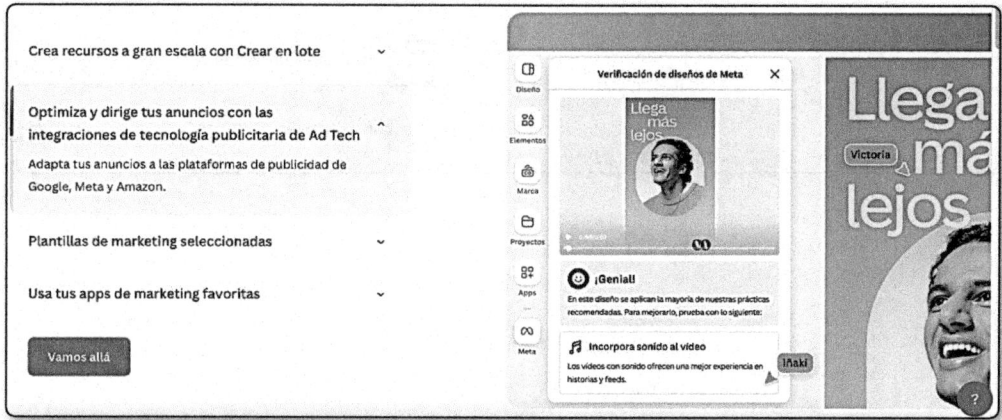

9.2 VENTAS

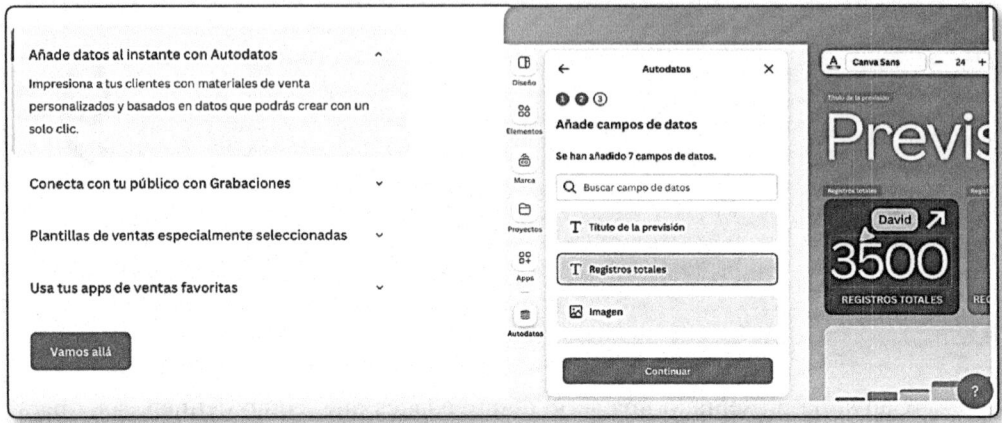

9.3 RR.HH.

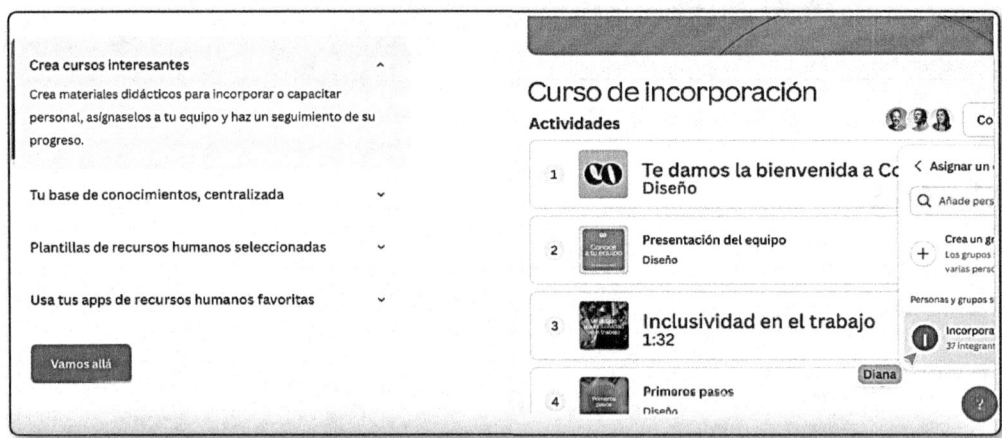

9.4 CREATIVO

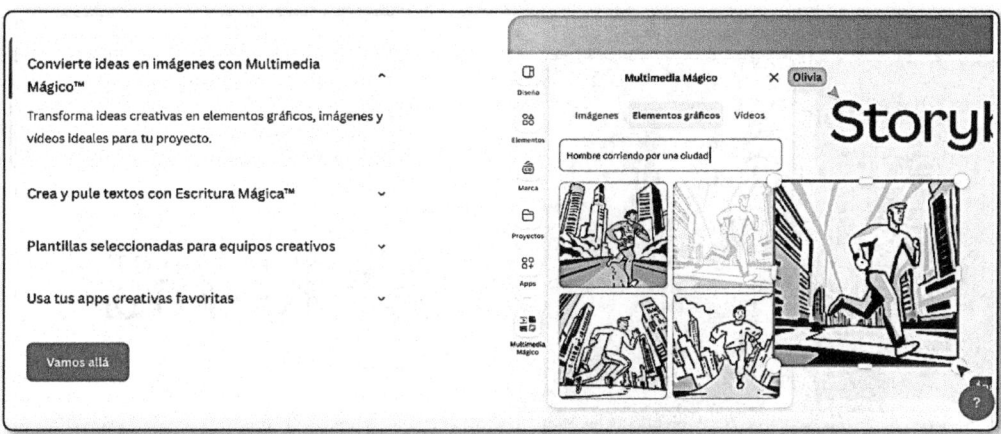

Pero no el son los únicos campos donde podemos encontrar cosas nuevas. En Estudio Mágico, encontramos también novedades interesantes.

9.5 REDIMENSIÓN Y DISEÑO MÁGICO

Tras elegir el archivo, clicaremos en Redimensionar y nos saldrá la opción de crear un documento.

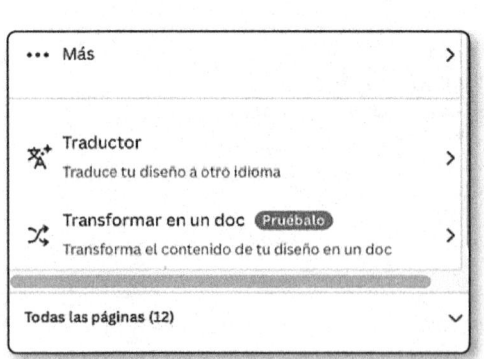

Unos segundos después, ya podremos disfrutar de nuestro documento, el cual podremos editar sin problema.

Proyecto Estudio Mágico

Introducción

Bienvenidos al proyecto **Estudio Mágico**. Este documento describe las funcionalidades principales y las pruebas necesarias para evaluar las capacidades de edición mágica de multimedia.

Funcionalidades y Pruebas

Quitafondos Mágico

1. **Selecciona la foto.**
2. Haz clic en **Editar > Quitafondos.**

Captura Mágica

1. **Selecciona la foto de la astronauta.**
2. Haz clic en **Editar > Captura Mágica.**
3. **Mueve a la astronauta a la Luna.**

Borrador Mágico

1. **Selecciona la foto.**
2. Haz clic en **Editar > Borrador Mágico.**
3. **Pasa el pincel por encima de los pájaros** y haz clic en **Borrar.**

9.6 CAPTURA MÁGICA

Para presentar esta mejora, vamos a tomar el ejemplo que nos propone Canva, que no es otro que mover a la astronauta hasta la luna.

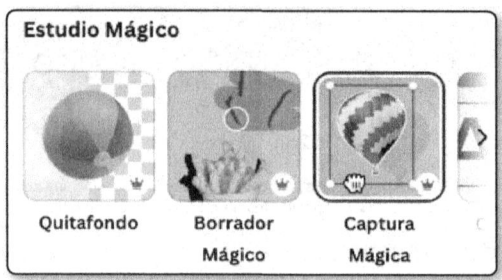

Ya sabemos que, mediante la opción Editar, nos dirigimos a Captura Mágica, en donde comenzaremos a usar la IA.

Hacemos clic y seleccionamos la figura.

Y ya podremos moverlo a nuestro antojo. Rápido y eficaz.

9.7 BORRADOR MÁGICO

También se ha perfeccionado el borrador, como veremos en el siguiente ejemplo.

9.8 CREAR UN ELEMENTO

Tenemos la opción de crear nuestro propio elemento gráfico. Ya no tendremos que buscar si necesitamos algo muy concreto, confiando en la IA para que encuentre algo que se ajuste a nuestras necesidades.

Vamos a pedir que cree un libro rodeado de flores y abejas.

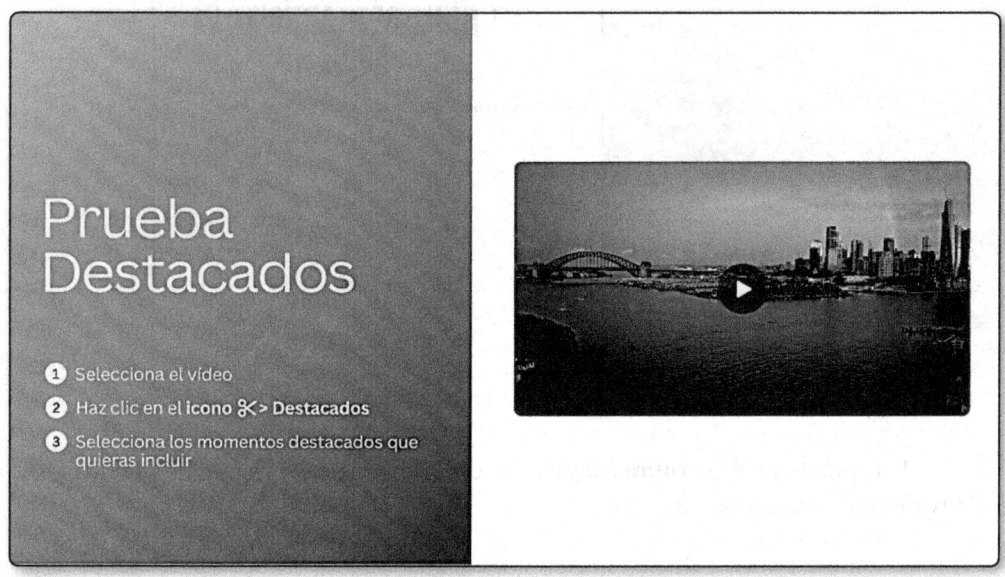

Prueba Multimedia Mágico

1. Haz clic en la pestaña **Elementos**
2. Selecciona **Generar > Elementos gráficos**
3. Escribe **"una hoja dorada"**
4. Haz clic en **Generar elementos gráficos**
5. Arrastra una hoja al libro

9.9 DESTACADOS

Opción que nos permite sacar los clips más importantes dentro de un vídeo. A través del símbolo de las tijeras, la IA se encargará de ello y así podremos elegir los recortes sin necesidad de estar cortando.

Prueba Destacados

1. Selecciona el vídeo
2. Haz clic en el **icono ✂ > Destacados**
3. Selecciona los momentos destacados que quieras incluir

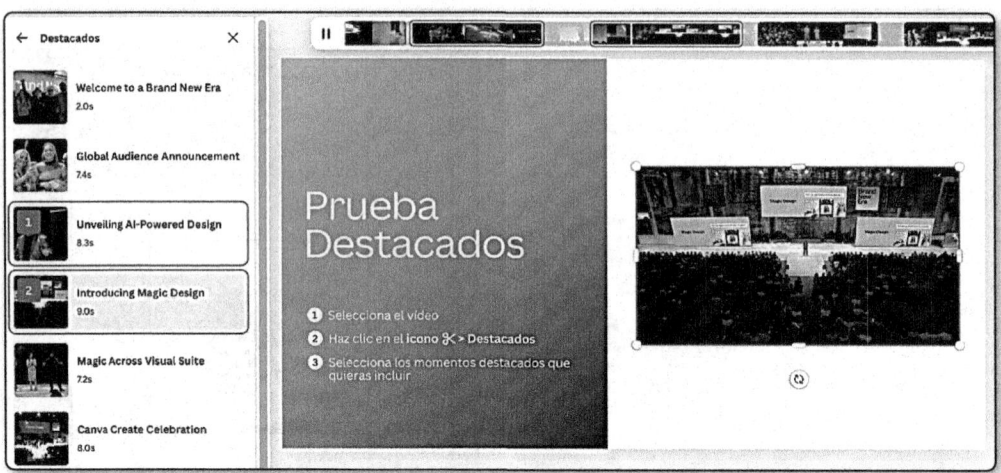

9.10 ESCRITURA MÁGICA

También este apartado lo han mejorado y encontramos, como vemos en el ejemplo, que Canva puede redactarnos un artículo.

Tras pinchar en Escritura Mágica, seleccionaremos Personalizar y pediremos a Canva lo que queremos que cree.

←   **un artículo sobre un nuevo libro de Canva**

Canva, la popular plataforma de diseño gráfico, ha lanzado recientemente un nuevo libro que promete revolucionar la forma en que los usuarios interactúan con el diseño. Este libro, titulado "Diseño Creativo con Canva", está destinado tanto a principiantes como a diseñadores experimentados que buscan mejorar sus habilidades y sacar el máximo provecho de esta herramienta.

En "Diseño Creativo con Canva", los autores ofrecen una guía completa que abarca desde los conceptos básicos del diseño hasta técnicas avanzadas. Los lectores encontrarán tutoriales paso a paso, consejos prácticos y ejemplos inspiradores que les permitirán crear contenido visual impactante, ya sea para redes sociales, presentaciones o marketing digital.

Una de las características destacadas del libro es su enfoque en la creatividad. Los autores enfatizan la importancia de pensar fuera de la caja y experimentar con diferentes estilos y formatos. Además, el libro incluye secciones dedicadas a tendencias actuales en diseño, lo que ayuda a los

Avísanos si hay algo inapropiado   **Añadir debajo**   Reemplazar ↵

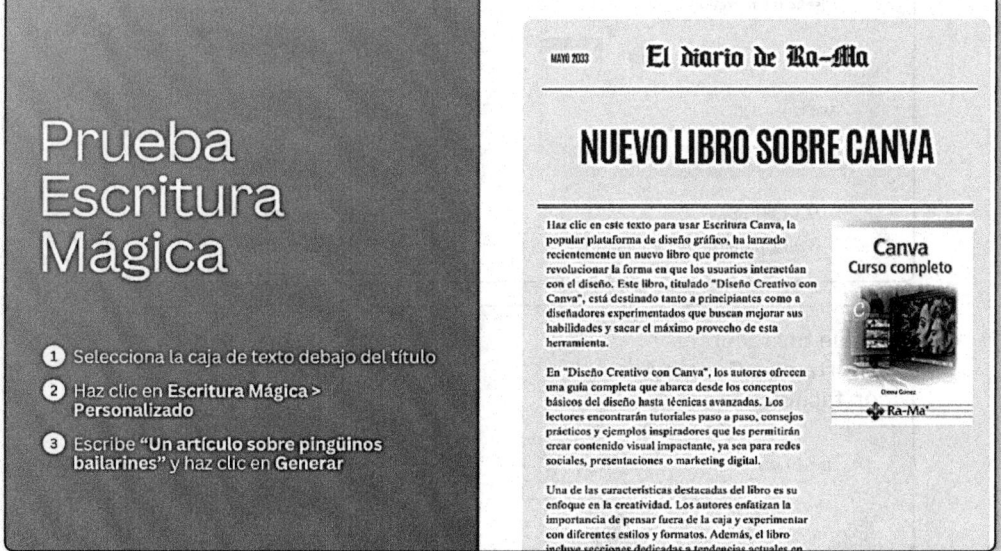

Pese a que estos son los cambios más importantes, también han mejorado mucha de las opciones de IA como el Quitafondos, los estilos y las animaciones.

9.11 NUEVAS INTEGRACIONES DE APPS

Vamos a ver las nuevas apps con las que podrás trabajar en Canva.

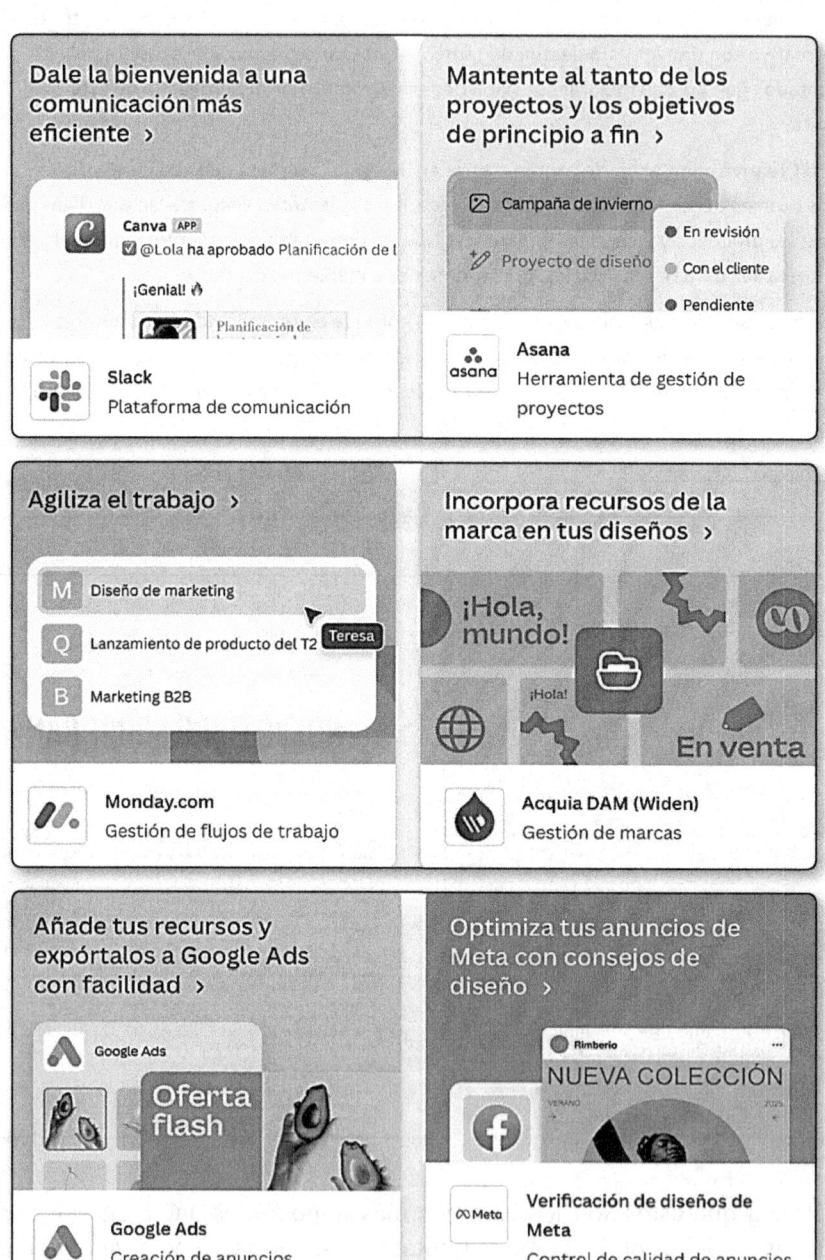

9.12 NUEVO LOOK

Y no podíamos olvidarnos de que también ha cambiado estéticamente y con opciones de edición y opciones de colaboración mejoradas.

Un editor más eficiente

Ahora, el editor oculta los menús que no estás usando y te propone las sugerencias más adecuadas a tu manera de diseñar.

Una mejor experiencia de colaboración

El nuevo modo de sugerencias, la experiencia de comentarios mejorada y las notificaciones en la barra lateral facilitan el trabajo en equipo

Una nueva barra lateral

La nueva barra lateral funciona como una base de conocimiento central y organiza todo tu trabajo, tus diseños e incluso los cursos que tienes asignados.

SÍGUENOS EN INSTAGRAM Y ACCEDE GRATIS A NUESTRA BIBLIOTECA DIGITAL DURANTE 30 DÍAS.

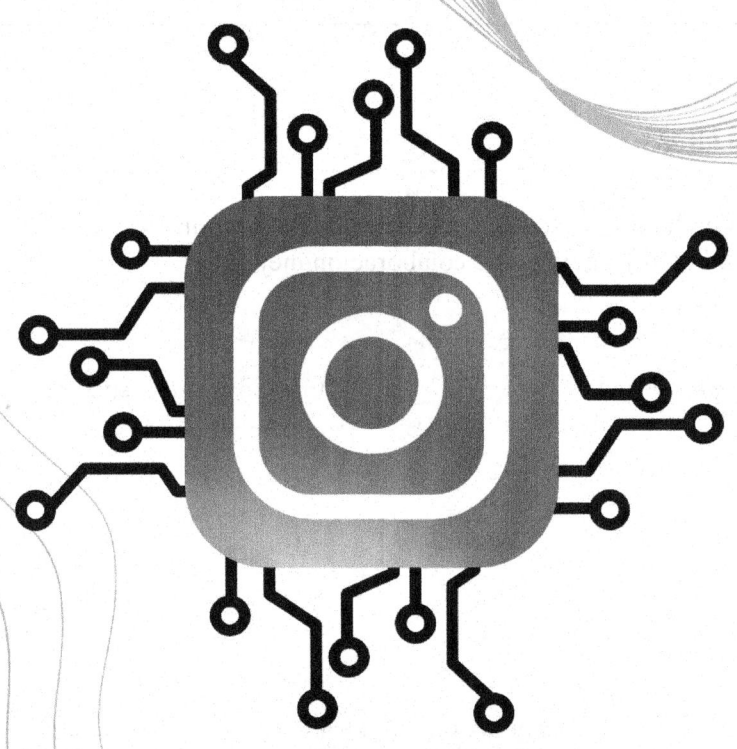

@grupoeditorialrama

¡ENVÍANOS TU MAIL POR PRIVADO!

Grupo Editorial
ra-ma

40 ANIVERSARIO